"新しい文明"を築くために1

自転車から平和を

宗教法人「生長の家」（SNI自転車部）編

日本教文社

目次

はじめに

およそ２００年前、ドイツで発明された自転車。
二つの車輪にサドル、ハンドル、さらにはペダルを漕《こ》いで進む、
こういった基本構造にあまり変化はありません。
シンプルなのに徒歩の何倍も遠くへ移動することができます。
発明されてから今日まで人々に重宝される所以《ゆえん》です。

単に移動手段としてだけではなく、自転車は世界中で愛されています。
ダイエット、あるいはスポーツの相棒として、
多くの人に喜びを与え、親しまれています。

本書の編集は「ＳＮＩ自転車部」があたりました。

このクラブは、宗教法人「生長の家」の一運動組織です。
なぜ神、仏、信仰に関わる宗教が自転車に乗ることを勧めるのでしょうか。
実際にはどういった活動をしているのでしょうか。
また、本書のタイトルに入った二つの言葉「自転車」と「平和」。
一体どういう関係があるのでしょうか？

本書では自転車の魅力について掘り下げながら、
このような疑問にわかりやすく回答することに挑戦し、
新しい自転車の使い方も提案しています。

自転車という「道具」の大きな可能性と、人間が持つさらに大きな可能性。
本書がそれに気づくきっかけとなっていただけるなら幸いです。

SNI自転車部メンバーのバイシクルライフ 1

①車種
②主な用途

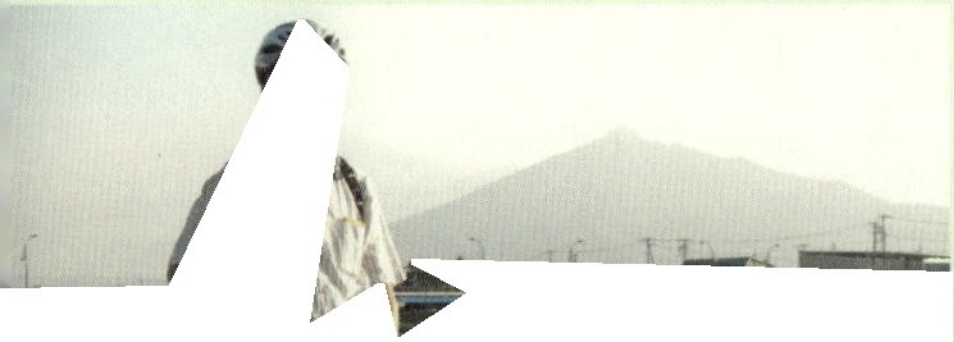

小田川浩三さん（青森）

①クロスバイク
②ポタリング、日常の足

「岩木山をはるかに見渡しながら、岩木川沿いを走ると、自然をじかに感じることができます。車より時間がかかり、汗をかき、困難があっても、自転車には喜びがあります。機械や自動的なものに頼らない、人間本来の生き方があります」

藤山佳江さん（兵庫）

①クロスバイク
②日常の足、生長の家の集いに参加

「自転車に乗り始めて自然の美しさが目に入るようになり、写真を撮る楽しみが増えました。自然界の豊かさに気づき、生かされている喜びを味わううちに、もっと努力しなければいけないとか、人と比べて足りないという思いが消え、自分を受け入れられるようになりました」

撮影／堀　隆弘

山口加奈子さん（左）と**井上理子**さん（右）（大阪）

①クロスバイク
②ポタリング、日常の足
「自転車は生活に身近なもので、誰でも始めやすく、自分の体を使って動かすことに楽しさを感じています。また、達成感を得たり、向上心がわいてきたりするところも大きな魅力です」（山口さん）

①ロードバイク
②通勤、買い物
「行動範囲が広がってどこまでも行けるし、風や匂いを感じ、自然を意識するようになりました。車では通れない道もスイスイ行けて、新しいお店を発見したり色々な楽しみ方があります」（井上さん）

鈴木直人さん（京都）

①ロードバイク
②ヒルクライム、
　ロングライド、通勤
「休日に目的地を決めずに走ると、日頃の疲れがリセットされて、思いがけないアイディアがわいてきます。自転車は乗るほどに楽しさを感じられます。ヒルクライムで坂を上り切った時の達成感や感動は、自転車だからこそ味わえるものです」

第1章　私たちＳＮＩ自転車部

自転車のアマチュアチームやクラブには、様々なものがあります。自転車ショップが運営しているもの、地元の仲間が集まった同好会的なもの、さらにはＳＮＳでつながった人たちのオフ会的なものの等々。そんな数ある自転車チームやクラブの中でも、本気になって「世界平和」を目指して活動しているのが、私たち「ＳＮＩ自転車部」です。

ＳＮＩ自転車部は、生長の家（Seicho-No-Ie）の会員が集《つど》う自

SNI 自転車部のロゴマーク

転車クラブで、2012年に埼玉県で発足しました。当時のメンバーは、通勤・通学などの生活の場面で自転車を活用しながら、自転車の楽しさや環境面でのメリットをアピールし、自転車生活に有用な情報を共有していました。谷口雅宣・生長の家総裁が提唱した「〝めんどくさい〟が世界を救う」の言葉を背中にプリントしたジャージを着て、一般の大会に出場し、その言葉を「表彰台に届けたい」「アピールしたい」という思いを持っていました。

次第に、その輪は大きくなっていきました。今では、海外（ブラジル、アメリカ、カナダ、ドイツ、

SNI自転車部のジャージ。背中には「〝めんどくさい〟が世界を救う」と書かれている

台湾）にもメンバーが誕生しています。「省資源、低炭素の生活法」の実践の一つである「自転車」。その良さを見直して、利用する人を増やし、世界中で自転車が今よりもっと使われるようになることを目指しています。

〝めんどくさい〟が世界を救う

効率が良い＝良いこと？

なぜそれを目指すのか？――と思われるでしょう。その答えは、先ほど紹介した「〝めんどくさい〟が世界を救う」という言葉に込められた意味を知ればわかっていただけるはずです。次の簡単な問いに答えてみてください。

【問い】

あなたは車の免許を持っています。今、10㎞先に用事で行かなければいけません。どのような交通手段でそこに行きますか？　次の中から選んでください。

①車

②公共交通機関

③自転車

どんな用事なのか、どんな地域に住んでいるかにもよるでしょうが、③を選ぶ人は少数でしょう。10㎞は遠いので自転車に乗るよりは、車を使った方がラクでめんどくさくなく、色々な手間を省けます。夏だったら……汗をかくから着替えが必要となりますし、水も必要です。冬は……そもそも外に出るのがめんどくさいかもしれません。それから、ヘルメット、グローブの準備、タイヤの空気は入っていたか？　など、めんどくさいことは多い。現代人は忙しく、時間こそ大事！　と思う人は多いですし、ある意味もっともです。①と答えた方は、多分「効率の良さ」を重視しているのでしょう。

では逆に、効率を優先することで失うものはあるのでしょうか？

空気入れ、ヘルメット、グローブ、ドリンクボトル、着替え、リュックなど自転車に乗る際に必要となるアイテム

効率を優先して失うもの

「効率優先」にもとづいた行動を毎日の習慣にする、例えば先ほどの質問でい

えば毎回移動に車を使うと、まずいことが起こってきそうです。まず、体を動かさないことで健康な身体の機能を損《そこ》なうでしょう。運動不足の元スポーツマンが子供の運動会に出場した際に足がもつれて転んだり、昔イケメンだった彼が同窓会で再会したら、シャツのボタンがはち切れそうだったりするのは大変残念なシーンですが、よくあります。それくらいならいいのですが、病気になったら洒落《しゃれ》になりません。多くを失ってしまった、ということになっ

「効率優先」の考え方を進めていくと、大都会のようなシステムができあがってしまいます。それはとても便利な世界です。あるのだろうかというくらいコンビニがあり、のどが渇いても、突然の雨に降られても、ペットボトル飲料や、ビニール傘がどこでも買えるので問題ありません。移動も便利です。いたる所に張り巡らされた鉄道網の中から、最適、最速な路線をスマホで検索することができますから。

でも、それらが本当に良いことなのでしょうか。買ったペットボトルの水が多すぎて、植え込みの植物にやったことはないですか？　ペットボトル自体の捨て場に困ることもありますね。ビニール傘に愛着がわくでしょうか？　いつの間にかなくしてしまったことはありませんか？　また、せっかく検索して見つけた最適な時間の電車に乗り遅れないために、動く歩道をダッシュし、やっと乗れたと思ったら満員で、痴漢と間違われることがないように両手で吊り革をつかんでいる、なんてこともあるかもしれません。

めんどくさくても、人間らしく

こんな生活は、あまり「人間らしい」感じがしません。もちろん、都会に住む人すべてがそうだと決めつけているのではありませんが、誰もが心当たりがありそうなことでもあります。都会での生活、すなわち「効率優先」を重視する生活は、モノのムダ遣いや、エネルギーの浪費を生み、そこから抜け出すことが難しくなります。結果として、今大問題となっている地球温暖化を進めてしまうことになるのです。さらに温暖化は、世界の難民問題や紛争問題ともつながっています。（詳しくは次章以降で述べています）

ＳＮＩ自転車部では、この「効率優先」の考え方から離れ、考え方を変えるだけでなく、生活の仕方を改めて、めんどくさくても、人間らしく自分の身体を使って、世界の人々や未来の人たちに悪影響を及ぼさない「省資源、低炭素」の生き方をしよう、そのためのツールとして自転車をもっともっと使おう、と呼びかけているのです。簡単に説明しましたが、これが「〝めんどくさい〟が世界を救う」という言葉の背景にある考え方です。

そんなSNI自転車部には、どのような人たちがいるのか、どんな活動をしているのかについて、本章で紹介していきます。

SNI自転車部の人たち

SNI自転車部は、SNSのフェイスブック上にある「SNI自転車部（SNI Bicycle Club）」グループ（非公開）で運営されていて、メンバーは2019年11月現在758人が在籍しています。このグループに加わることが「入部」するということであり、メンバーとして活動に加わるということです。（メンバーは、生長の家の会員限定です）

どんな人がいるのでしょうか？　まず思い浮かぶのが、自転車が好きでたまらない人たち。空気抵抗の少ないピチピチのジャージを身にまとい、これも空

SNI自転車部のフェイスブックページ

気抵抗の最も少ないスポーツ自転車の車種である軽量なロードバイクに乗り、己《おのれ》の限界に挑戦する「ガチ」な人たち。……非常に近寄りがたいですね。でも、自転車の話をすればすぐに仲良くなれます。

それから、「自転車」は好きだけど、そこまで「ガチ」ではない人たち。シティサイクル、いわゆるママチャリに乗って買い物に行く主婦や、スポーツ自転車に乗っていても、景色を楽しみ、ゆっくり快適に走ることを目的にする人たちもここに含まれるでしょう。他にも「いずれはスポーツ自転車に乗ってみたい」と考えているビギナーもいます。つまり、SNI自転車部では自転車の種類や経験などは一切問わないのです。

年齢も居住地域も様々です。現在、日本では、47都道府県すべてにメンバーが存在します。海外ではブラジル、アメリカ、カナダ、ドイツ、台湾にもメンバーがいます。年齢構成は、10代の青年から、70代の「元」青年まで老若男女。これらのメンバーが、フェイスブックグループで、自転車に乗る様子、楽しさ、メンバー同士で交流したこと、疑問点に関する質問などを、写真とともに日々活発に投稿しています。自ら

サイクルジャージを着てロードバイクに乗るメンバー

が自転車に乗り、活動し、インターネット上でその楽しさを共有する。それがSNI自転車部メンバーの基本的な活動です。とっても簡単ですね。

このような情報交換や投稿の他に、ヒルクライム（坂を上る）やロングライド（長距離を走る）、ポタリング（自転車に乗って散策する）などの「ミニイベント」も各地で行われています。また、クリーンサイクリング（自転車ライドとゴミ拾いを組み合わせたもの）や、災害の被災地での復興支援活動なども「活動」として行っています。自転車を楽しみ、「省資源、低炭素」の生活法を広めつつ、社会に役立つことがあれば、積極的にそれも行っていきます。「自転車を活用したい」

シティサイクルを愛用するメンバー

「自転車の素晴らしさを伝えたい」「それによって世界の平和のために一役買いたい！」という共通の思いを持って活動していますから、メンバー同士の仲間意識はどんどん深まっています。

では、ここからは、いくつか活動の様子を実際に見ていきましょう。

全国各地で開かれるイベント

①天女山《てんにょさん》ヒルクライム

最も大きなイベントです。２０１４年以来、毎年10月に行われています。これは、山梨県北杜《ほくと》市の八ケ岳南麓《なんろく》にある生長の家国際本部〝森の中のオフィス〟の「自然の恵みフェスタ」という行事の一環として行われます。フェスタは、来場者に自然の恵みの素晴らしさを体験してもらい、自然と調和したライフスタイルを取り入れてもらおうという主旨のイベント。お祭りのような雰囲気で、地元産の無農薬野菜を使った料理が味わえ、木材や布など自然素材を使ったクラフトの製作が体験できます。料理の素材がどこで採れ、日用品にどんな素材が使われているかなんて、あまり考えないですよね？　フェスタではそこに注目し、気づいてもらえるよう工夫されていて、普段から私たちがいかに様々な「自然の恵み」に支えられているかがよくわかります（2019年は台風19号による各地の被害の甚大さに鑑《かんが》み、中止しました）。

そのような催しの中で、天女山ヒルクライムはちょっと異質に思えるかもしれません。坂を自転車で上るスポーツじゃないか、自然の恵みと関係あるの？と。では、イベントを概観《がいかん》しながら、その問いに答えていきましょう。

JR甲斐《かい》大泉《おおいずみ》駅をスタート地点として、ゴールの天女山という山までの距離は約4・4㎞、標高差約370m。このコースを約80人の参加者が上ります。……と言われてもピンとこないですね。普通の体力を持つ人が自転車で約40分間、ひたすら坂を上ることを想像してください。ゴール地点の標高は1529mですから空気も薄く、日頃、鍛《きた》えていない人には、はっきり言って相当キツいです。そのため、出場者は最速タイムを目指して、一体いつ仕事をしているのかと思うくらい、日々、真剣に身体を

2018年に行われた第5回「天女山ヒルクライム」での集合写真

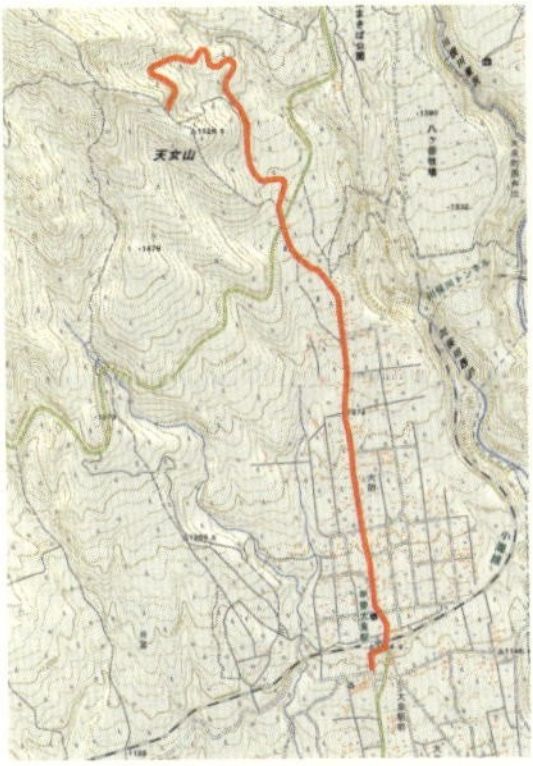

天女山ヒルクライムのコース図
出典：国土地理院ウェブサイト
（https://maps.gsi.go.jp/）
地理院地図を加工して作成

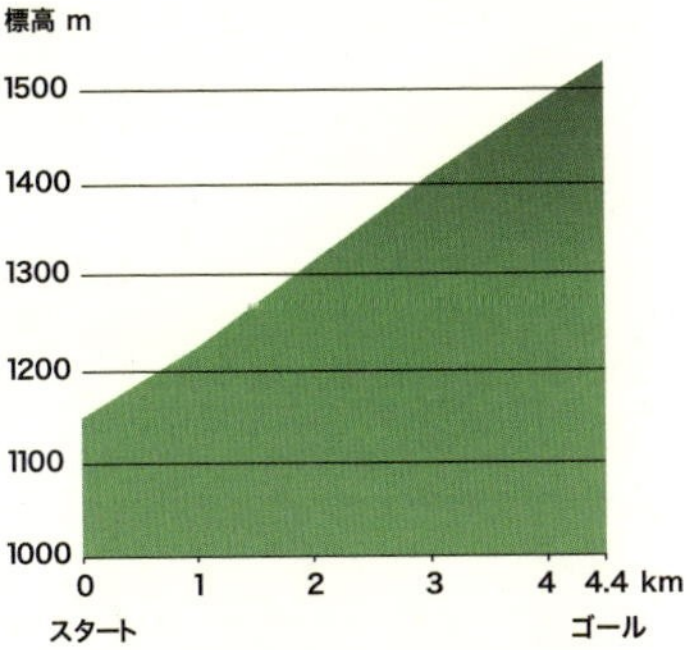

標高図

鍛えているようです。参加上限は約80名という狭き門ですから、このイベントに出るための予選が全国各地や海外でも開催されるほどです。精鋭が集うわけですね。

　でも、SNI自転車部は「速さを競う」「速い人が最高」という部分にのみ価値を認めているわけではありません。それは一部分です。だから、このイベントには「ガチ」以外の人も沢山出場します。巷《ちまた》のヒルクライムのイベントはすべて速さを競うものですから、

スタート前のオープニング・セレモニー

ここが珍しいといえば珍しい。例えば、電動アシスト車での参加も一部認められており、年配の方や女性が、スイスイと坂を上っていきます。また、日常生活の中で積極的に自転車を活用して、周囲の人に自転車利用を勧めて啓発していたり、社会貢献活動を積極的に行ったりしているメンバーにも出場権が与えられます。そのほかSNI自転車部メンバーではありませんが、日頃から私たちと交流のある地元に住む自転車好きたちも10名ほど招待しています。結果として、参加者は幅広い年代にわたり、日本

電動アシスト自転車の参加者も

各地から、また、海外から、多様で個性的なメンバーが集結します。「速さを（そこまで）求めない」ために、このような出場者の編成となるのです。

そんな個性的な参加者たちは、このイベントで何を求めるのでしょうか。一つには「達成感」があります。既に書きましたが、コースには平坦な区間が全くありませんから、とても辛いのです。自らの限界に挑戦しながら、つづら折りの坂を上り切って、やり遂げた達成感はやってみた人でないとわからないかもしれません。多くの出場者が、「参加して

2018年の天女山ヒルクライムで、美しい紅葉の中を駆け上がるトップ集団

アメリカ、ドイツ、ブラジル、
台湾から参加した招待選手たち

良かったことは？」という問いに「達成感」をあげることから、ヒルクライムの魅力としての達成感は、人類共通といえるかもしれません。そして、ヒルクライムのような激しい運動ができるのも、健康な身体があってこそ。坂を上ることで息は間違いなく切れ、汗をかきますが、それは人間として自然なことです。そして息が切れても、しばらくすると、必要な酸素が自然界から補充されます。これだけでも「自然の営みの中にいる自分」を意識するきっかけとなるかもしれません。水の美味しさも普段の10倍増しくらいに感じます。空

最後のコーナーを曲ってゴールへと向かう。仮装して出場する参加者もいる

気や水、そして自分の身体。これらは自然の恵みだったのか！ と感じるのです。

もう一つ、目に入る自然の素晴らしさを堪《たん》能《のう》できることも天女山ヒルクライムの魅力です。坂が苦しくて下を向いてしまい、周りを見る余裕もないほど疲労している人もいますが、コース沿道を見回してみると、紅や黄に見事に色づいた木々に囲まれていることに気づきます。このイベントが行われる10月は紅葉も最盛期を迎えており、観光客もよくスマホで記念撮影をしています。そんな中を、自転車で駆け抜けるとは、なんと贅沢《ぜいたく》なことで

エイドステーションで振る舞われた「せんべいおこわ」

しょうか。沿道から送られる「がんばれぇ～」という声援に励まされ、普段以上の力が出ている気もしてきます。そしてその応援者が撮ってくれた写真を後で見て、紅葉と自分と自転車とのスリーショットににんまりしている人も少なくありません。

さらにゴール後には、「エイドステーション」の料理が待っています。このエイドステーションも回を重ねる毎にSNI自転車部独特の形式になってきました。普通、エイドステーションとは、マラソンや自転車のレースで、水分や食べ物を補給できるようコースの途中に設けた施設のことをいいます。しかし、天女山ヒルクライムでは、地元産の旬の野菜やキノコをたっぷり使ったノーミート料理（肉を使わない料理）が、ゴール後の参加者や見学者にも振る舞われます。ここでもやはり、「補給」という実用的な目的だけでなく、自然の恵みを堪能することに重点が置かれるのです。

こうして、参加した一人ひとりが力を出し切り、自分の身体への感謝を深めながら、自然を身近に感じる一日を送るのです。その感動を胸に、地元に戻ってからも日常の中で、自転車愛を深めていくのです。それこそがこのイベントの目指すところです。

色鮮やかな紅葉の中を走る（撮影／堀　隆弘）

来場者やスタッフに温かく迎えられながらゴールする。距離4.4km、標高差370mのコースを走り切った達成感は、何ものにも代えがたい

GO
13

②しまなみ海道サイクリング

メンバーが日本各地にいるので、ロケーションを活かしたイベントが開催されています。その中から、瀬戸内海を横断する「しまなみ海道サイクリングロード」を走った「しまなみ海道サイクリング」を紹介します。この場所はアメリカCNNの旅行情報サイトでも、「世界で最も素晴らしい7大サイクリングルート」に選ばれるほど有名で、本州の広島県尾道《おのみち》市と四国の愛媛県今治《いまばり》市の間を、瀬戸内海の島々にかかる七つの橋でつなぐ、全長約75㎞のコースです。自転車愛好家の間では「一度は走ってみたいコース」と言われています。

この立地を利用して、広島、愛媛、高知のSNI自転車部のメンバーが共同でサ

2019年5月に行われた「しまなみ海道サイクリング」

イクリングイベントを企画し、２０１９年5月26日に開催しました。メンバーは広島側と愛媛側からスタートし、中間地点の「多々羅《たたら》しまなみ公園」で合流するという企画です。普段自転車を利用していない人も参加できるように、平坦で、かつ体力や経験によって選べる60㎞、30㎞、20㎞の三つのコースを用意し、さらに、サイクリングコースに何カ所かあるレンタサイクル施設を利用することで、気軽に参加できるイベントとなり、10代から70代のバラエティ豊かな男女約40人が参加しました。

普段、インターネット上で交流していて、なかなか会うことができないメンバーが、走る間に途中でどんどん合流して増えていく、というのは喜びが大きいことでしょう。初めてのしまなみ海道、初めての長距離サイクリングを楽しんだ参加者からは、「自転車に乗ることで、海や空、森の自然を間近に感じた」「走り切ることで達成感を得た」と、車で移動するのとは違う自転車ならではの良さが伝わったことがわかる感想がありました。このイベントは、日常的に自転車に乗る人を増やすという目的で行われたものなので、成功したといえます。

③各地で行われる気軽なミニイベント

これまで紹介したようなイベントの他に、SNI自転車部のメンバーは、全国各地で「ミニイベント」を開催しています。ミニイベントとは説明する必要がないかもしれませんが、規模の小さいイベントのこと。例えば、こんなミニイベントが今まで行われました。

○ゆるりゆるり〝桜回廊〟ポタリング（埼玉）
○綾瀬川水陸同時クリーン大作戦（埼玉）
○利根川サイクリングロードをポタリング（千葉）

○ポタリングをしながら、発酵の里を満喫しよう（千葉）
○自転車に乗って地元のおいしいパンを買いに行こう（山梨）
○ジテツー（自転車通勤）デー（山梨）
○琵琶湖の北西付近とメタセコイアの並木道を走る（滋賀）
○メンテナンス講習（東京）
○多宝塔ヒルクライム（大阪）
○筆山《ひつざん》ヒルクライム（高知）
○自転車で〝光福の街〟をめぐろう（長崎）

地元のおいしいパン屋を訪ねたミニイベント（山梨）

筆山ヒルクライム（高知）

埼玉にある、全長20㎞以上の日本一長い桜回廊を走るポタリングや、自転車に乗って地元のおいしいパンを買いに行くイベントなどがありました。内容が想像しやすい名前が付いているミニイベントを、ここでは紹介しましたが、この他に名前のないミニイベントは沢山開催されています。というか、ほとんど名前はなく、単に「○○ヒルクライム」とか、「ポタリングしました〜」などと、フェイスブックにその様子が投稿されます。初心者向けにはポタリング、

“桜回廊”ポタリング（埼玉）

競技志向の人にはヒルクライムやロングライドと棲み分けされているようです。また、いつも使う自転車の整備方法を経験者がビギナーに教えるメンテナンスのための講習や、定期的に自転車を使ってゴミ拾いをする「クリーンサイクリング」なども活発に行われています。最近では、ヨーロッパや台湾でもポタリングのミニイベントが行われ、海外でも拡がりを見せ始めました。

ミニイベントは数名でも行える手

2019年 9月に台北で開かれたミニイベント（台湾）

軽さがあります。「明日、天気が良さそうだから、自転車であのシュークリーム食べに行かない？」というくらいの感覚。この気軽さと楽しさが重要です。ＳＮＩ自転車部の短い数年の歴史を振り返ると、このようなミニイベントの開催によって、自転車の楽しさに目覚める人が増えてきた歴史だったと思えるからです。

自転車は飾るものではなく、乗ってナンボ！　でも、「乗ったら楽しさがわかるよ～」という他に、ススメ方のボキャブラリーがないのが、たまに悔しくもあります。

社会貢献活動、環境問題への取り組み

①埼玉ほか各地でのクリーンサイクリング

ＳＮＩ自転車部の活動で、他の自転車クラブではあまり見られないものに「クリーンサイクリング」があります。これは、自転車の機動力と積載能力をうまく利用して、広範囲のゴミを拾う清掃ボランティアのことです。

生長の家では「ゴミ拾い」が盛んに行われてきました。谷口清超・前総裁は自宅から職場までの道すがら、「カンカラ（空き缶）」拾いをしていることを著書によく書かれていましたし、それを受けて生長の家の信徒たちは「クリーン

幹線道路脇のゴミを一つ一つ拾っていく

ウォーキング」と呼んで、ゴミ拾いをやっていたからです。これに自転車を組み合わせたのは、埼玉のメンバーのアイディアです。

サイクリング中、目に余るほどのゴミを見つけたメンバーは、ゴミにまつわるある傾向について考えました。自転車では走行可能だが、人が歩くことができない道路があり（幹線道路など）、そういう道路ではゴミは放置されがちになるということでした。多分、車は速度を出して通り過ぎ、気づくことができないからで

ロードバイクにサイクルトレーラーを付けて、ゴミを運ぶ

しょう。でも、自転車の速度なら気づきます。「誰も拾わないのなら、サイクリストが拾う！」ことにしたのです。

この活動にはシティサイクル、いわゆるママチャリが適しています。シティサイクルにはスタンドが付いているので、自転車を立てて停めることができます。さらに、前かごや荷台も付いているため、回収したゴミや、使用する手袋などの必要な物を積むことができます。一方、スポーツ自転車にはこれらがないた

拾ったゴミは分別して処分する

め、不便です。ゴミを拾っている間も立てかけておく場所を選びますし、高価なので盗難にも注意が必要です。（埼玉のメンバーは、80リットルの積載容量を持ち、自転車で牽引《けんいん》することができる「サイクルトレーラー」を導入したため、スポーツ自転車ではゴミを運搬しにくい、という問題は解決した）

幹線道路に捨てられているゴミの多くは、コンビニのレジ袋に入った弁当がら、空き缶、ペットボトルです。中でもペ

この日、クリーンサイクリングを
行った SNI自転車部のメンバーたち

ットボトルは、液体が入ったままの状態で捨てられています。その中身は……なんと異臭漂うオシッコでした。なぜこんなものが捨てられているのか……。おそらくトラック等の長距離ドライバーが車内で用を足し、そのまま窓から投げ捨てたのではないかと推測されます。高速道路の出口付近に多く散乱しているからです。あまり知られていませんが、これは一種の社会問題ではないかと思います。これらは一旦持ち帰り、下水口

彩の国埼玉環境大賞の賞状と記念品を、埼玉県知事（当時）とテレビ埼玉社長（当時）から授与されたSNI自転車部（埼玉）のメンバー

やトイレに流すなどして適切な処理が必要です。その臭いたるや、筆舌《ひつぜつ》に尽くし難いものがあります。

埼玉のメンバーは、そのような活動を地道に続け、そのうちに賛同者やゴミ拾い仲間も増えていったのはとても嬉しいことでした。

2018年2月、この活動が認められ、埼玉県ですぐれた環境保全活動を行った個人、団体及び事業者を表彰する「彩《さい》の国埼玉環境大賞」の「平成29

年度優秀賞」をSNI自転車部（埼玉）が受賞しました。会場に展示された説明パネルに、受賞理由が次のように記されていました。

自転車を活用した環境に優しい低炭素の生活法の実践を啓発し、併せて県内主要道路のゴミ拾いを自転車により行っている。自転車を使うことで、徒歩に比べ広範囲に大量のゴミを回収できている。集めたゴミの回収運搬も、自動車でなく自転車用リアカーを使うことで、CO_2を排出しない工夫を行っている。

「低炭素の生活法」という言葉が生長の家以外の媒体に掲載されたのは、これが初めてのことだったかもしれません。また、同じく優秀賞を受賞した、カヌーを用いて川の清掃を定期的に行ってきた団体と後日コラボし、自転車とカヌーを使った水陸合同の綾瀬川の清掃活動を行ったところ、その様子は、埼玉県東部エリアを拠点とする『東武よみうり』新聞の一面記事(２０１８年６月25日付）で紹介されました。さらに、クリーンサイクリングの様子はテレビ埼玉でも放映されました。これらの媒体では、頻繁《ひんぱん》に「ＳＮＩ自転車部」の名が呼ばれ、その名が入ったサイクルジャージが映し出され、「ＳＮＩ自転車部はただの自転車愛好家の集まった団体ではなく、環境問題に積極的に取り組んでいる」ということがよく伝わったと思います。このような活動に触発され、現在は埼玉以外の地域でもクリーンサイクリングが行われるようになっています。

道に捨てられたゴミは風に吹かれて川に流され、最終的に海へ辿《たど》り着きます。特にレジ袋やペットボトルなどのプラスチック製のゴミ（プラゴミ）は、海鳥やクジラやイルカ、アザラシなどの海洋哺乳類が誤って食べ、命を落としてしまうことがあります。プラゴミは紫外線に晒《さら》されると劣化し、粉々になって海中を漂い続けます。それも、人体や生態系に害を及ぼす有機物を吸着しながらです。これが近年注目を浴びている「マイクロプラスチック問題」です。これらを食べるとどうなるか、あるいは生態系にどのような影響があるかについては、まだわからないことが多いようです。しかし、地球温暖化もそうなのですが、「影響が科学的にわかってからでは、もう手遅れ」ということだってあり得ます。プラスチックの利用削減に取り組み、訴えていくことはもちろんですが、海にゴミが辿り着いてしまう前に拾ってしまうクリーンサイクリングの意義は、とても大きいのです。

②カレンダーを製作し、自然エネルギーを拡大

SNI自転車部は、オリジナルカレンダーを製作しています。皆様は昨年、

いくつカレンダーをもらいましたか？　この質問が不思議に感じないくらいカレンダーは巷《ちまた》にあふれています。そんな中、ＳＮＩ自転車部がわざわざカレンダーを製作したのには理由があります。このカレンダーには、ある二つの仕組みがあります。

一つは、「カレンダーを購入すること」自体に付随するものです。カレンダーの売上（経費を除くすべて）は、自然エネルギー拡大募金[*1]に寄付される仕組みになっています。この募金によって生長の家は「メガソーラー発電所」を建設しています。地球温暖化を食い止めるために太陽光パネルを自宅に設置したり、電気自動車に乗り換えたりすることが良いとはわかっていても、賃貸住宅に住んでいるとか、学生だからお金がないとかの事情でそれらはできない！という人もいます。もしそうであっても、このカレンダーの購入によって自然

2020 年版 SNI 自転車部カレンダー

エネルギー利用を増やし、温暖化抑制に一役買うことができるのです。イメージしやすくするために、昨年（２０１８年）の数字を少し紹介することにしましょう。

２０１８年のカレンダー売上による寄付金は、太陽光パネル16枚分になりました。この16枚分のパネルによる年間発電量は４８７８kWhで、CO_2削減量は２５３２・６kgでした。余計わかりにくくなってしまったかもしれません。この16枚のパネルの発電容量は４・０８kWであり、日本の一般家庭に設置される太陽光パネルの大

SNI自転車部の寄付金によるパネルが設置されている生長の家福島・西郷ソーラー発電所

きさとほぼ同じといえば、想像しやすいでしょうか。

カレンダーの中身はどんなものでしょう。二つ目の仕組みはその製作過程にあります。毎月の写真に、SNI自転車部で開催しているフォトコンテストで選ばれた作品が使われているところです。このコンテストのテーマは、「私のバイクと自然」。世界中のメンバーが、自転車に乗り、自然の美しさや素晴らしさを探しに行くのです。そして写真を撮ってコンテストに応募し、その中から、「この

SNI自転車部のフェイスブック内にある「私とバイクと自然」フォトコンテストのページ

写真が良い！」と投票によって選ばれた写真のみで構成されたカレンダーです。

写真撮影は生長の家が提唱する「日時計主義」の生き方の実践です。日時計主義とは、物事の明るい面や美しさに注目し、記憶し、語り、思い出す生き方のことです。自転車に乗り、自然界の美しさを意識して探してみてください。普段、そこにあっても気づかなかったきれいなものとか、感動するものに気づき、嬉しくなってきます。メンバーが感動しながら撮った写真で構成されたカレンダー。

2020年版 SNI自転車部カレンダー

購入することで自然エネルギーの拡大に貢献できるカレンダー。これが二つの仕組みです。このカレンダーのためのフォトコンテストに参加する人を増やすことも、カレンダーを多くの人に手にしてもらうことも、SNI自転車部の大切な活となっています。

＊1＝自然エネルギー拡大募金
「地球温暖化抑制」と「脱原発」のために、自然エネルギーによる発電を普及させる生長の家の取り組み。募金をもとに、大規模太陽光発電所や地熱発電所を建設している。カレンダーの募金は、「福島・西郷ソーラー発電所」と「大分・別府地熱発電所」に寄付される。

コラム　田舎生活と自転車のススメ

不調だった私

東京に住んでいた頃。毎日市販の整腸剤を飲み、ネットで似た症状を探して、きっとこのお腹の不調はストレスによる過敏性腸症候群だ！　と病院へ行きました。しかし、病院で処方されたのは乳酸菌入り整腸剤。納得がいかず、ヤブ医者か

な……と、病院を三軒はしごしましたが、結局私の胃腸はいたって健康で、特に何の問題も無いという診断。

問題無いならその結果を素直に信じれば良いものを、西洋医学より東洋医学だ！　と漢方薬局に通ったりもしました。

田舎へ引っ越す

職場移転に伴い山梨県北杜《ほくと》市に引っ越してきて、生活が激変しました。東京では帰り道に5、6軒あって毎日のように立ち寄っていたコンビニが、無い。コンビニご飯が多かった私の夕食が、自炊に変わりました。家から一番近いお店が、地元の農家さんの野菜を扱う

小さな売店で、コンビニ弁当より季節の野菜の方が手に入りやすい環境になったのです。

そして睡眠時間が増えました。当たり前の事なのですが、北杜市では、夜7時にもなると真っ暗で静かです。東京にいた頃は多くの店が深夜まで営業していて、いつまでも明るくて賑《にぎ》やかなので、夜遅くまで出歩いていて、帰って寝るのは2時、3時というのが日常だったのですが、北杜市では最寄りの駅から自宅まで、徒歩5分の道のりですら、懐中電灯が欲しいくらいに真っ暗。都会の明るさに慣れていた私は、その暗さが怖くて早めに家に帰るので、自然に就寝時間が早くなりました。

自転車に乗る

周囲の人たちが次々と自転車に乗り始め、上司からの勧めもあり、私もロードバイクを買いました。元を取るつもりで買い物やサイクリングに使っていると、半年ほどで体重が5kg減りました。東京にいた頃にさんざん酵素ダイエットやら置き換えダイエットを試した日々は何だったのか。

いつの間にか健康に

食生活を改善して、充分な睡眠を取って、適度な運動をすると、大抵の人は健康になります。そんな誰でも知っている事が、東京にいた頃の私には判らなくなっていました。

便利なものがそこら中にあって、周りもみんな似たような生活をしていると、それが当たり前になってしまう。当たり前だと思っているから、自分の生活が乱れているなんて気付かない。感覚が麻痺《まひ》していた事を知りました。

そんなに乱れた生活をしていたくせに、あの頃の私はどの面《つら》下げて病院に行ったんだと、今になって思います。

田舎は良いぞ

都会生活と田舎生活両方を経験した上での感想ですが、都会にいないとどうしても困ること、というのは、特に無いように思います。たまに用があって行くくらいがちょうど良い。水と空気が綺麗で、緑が豊かで、星空が美しくて。車の通りも少ないので自転車が乗りやすくて、この環境で健

康にならない訳がない。
お仕事や家族の都合もあると思いますが、田舎生活、素晴らしいです。何かの転機を迎えた際には、田舎に引っ越すことをおすすめします。
まずは、ちょっと田舎に走りに来てみませんか？
（SNI自転車部事務局員　宮田寛美）

山田真史さん（山梨）

①ロードバイク
②ヒルクライム、トレーニング、通勤

「東日本大震災で帰宅難民を経験したのがきっかけで、自転車に乗り始めました。『もっと速く走れるようになりたい』という気持ちから、2013年にこのロードバイクを購入しました。自転車は乗り手に自由をもたらし、人生をより豊かにしてくれます。自然のリズムに合わせて生きることを教えてくれたのも自転車でした」

大久保恭子さん（埼玉）

①電動アシスト自転車
②ポタリング、買い物

「太陽光パネルの電気で充電すれば、電動アシストでもCO_2排出ゼロで乗れます。以前は身近な自然の良さを意識することはなかったのですが、ポタリングを始めてから、豊かな自然を与えられていることに感動するようになり、感謝の日々を送っています」

SNI自転車部メンバーのバイシクルライフ 2

①車種
②主な用途

津島昌子さん（兵庫）

①クロスバイク
②日常の足、菜園への往復

「軽量なので走りやすく、今までママチャリでは上れなかった坂道でも上れます。どんなにしんどい上り坂でも、降りずにゆっくりペダルを漕いで進んでいくと、いつか上りきり、必ず平坦な道になる。自転車はまるで人生のようです」

伊藤勇次さん（愛媛）

①マウンテンバイク
②通勤、日常の足、
トレーニング

「ジテツーをはじめ、市内のどこに行くにも、この相棒で行きます。自転車に乗って体重が10kg落ち、血圧もコレステロール値も正常になりました。自信がわき、『この年になっても、まだまだ無限力を表現できるんだ』と感じています」

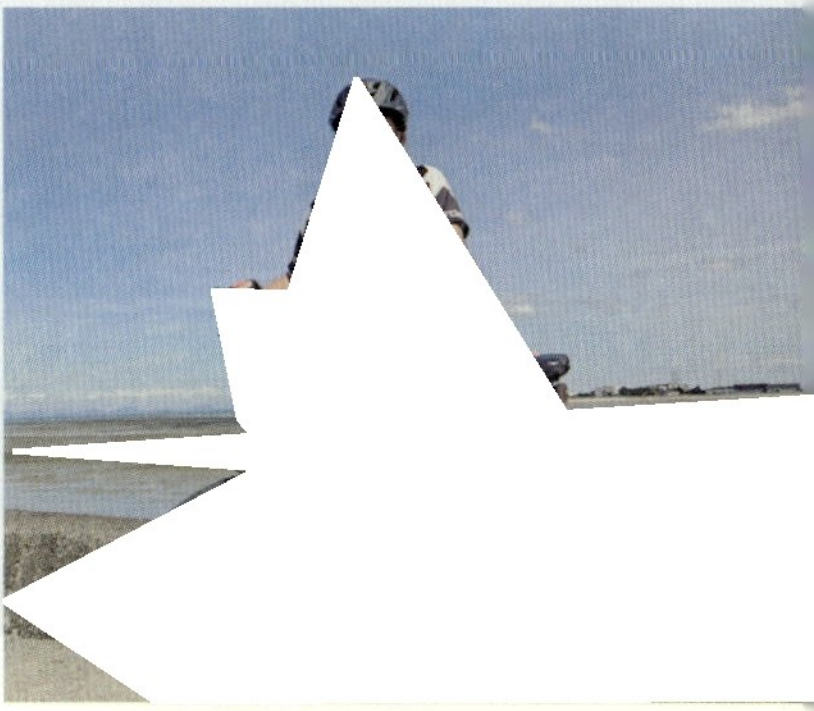

第2章　自転車の新しい使い方

いうまでもなく、自転車は車や飛行機と同じように移動手段の一つです。しかし、自転車に乗り続けるうちに、他の使い方もあるのだということに気づきます。その「新しい使い方」の一部を紹介しますので、試してみてはいかがでしょうか？　きっと今より健康になり、幸せにもなるはずです。

1　自転車を健康維持のための道具として使う

一つ目の提案は、自転車を健康維持のための道具として使ってみようということです。「なんだ、そんなことか」と思われた読者もいるでしょう。それくらい「自転車が健康に良い」ということは一般に知られています。しかし、なぜ健康に良いのかをきちんと理解している人は意外に少ないかもしれません。また、一口に健康といっても「身体の健康」や「心の健康」などがあります。このいずれにも自転車は有効なのです。

身体の健康

自転車は有酸素運動

日本人の健康問題として取り上げられることが多いのが、メタボ（メタボリックシンドローム）です。現在では日本人男性の二人に一人、女性の五人に一人が、メタボかその予備軍と考えられています。メタボのイメージはウエストが太いというものであり、痩《や》せればメタボは解消したと多くの人は思います。ですから、「自転車に乗れば健康になれるか？」＝自転車に乗れば痩せることができるか？」と捉えることができるでしょう。ダイエットへの関心は大変高いものがあります。

サイクリングがダイエットに良い、というのは本当です。メタボ、肥満の一番の原因は内臓脂肪の蓄積であり、内臓脂肪を燃やすには、有酸素運動が有効で、それにはサイクリングが良いということも、多くの人はご存知です。そして、健康診断で数値が良好になったという話を聞くこともあります。でも皆さんはこんな疑問を持ったことはないですか？

「自転車（特にスポーツ自転車）に乗っているあの人は、有酸素運動をしているはずなのに、どうして太っているのだろう？」と。その人が自転車生活を始めたばかりということもあり得るでしょう。でも、そうでない場合もあるような気がするのです。

自転車に乗ると痩せるのか？

はたして自転車に乗れば本当に痩せるのでしょうか？　ＳＮＩ自転車部には、新しくメンバーになる理由として「ダイエット」をあげる人がいます。そして、それらの人々のダイエットの結果は……成功する人もいれば、しない人もいる、というのが真実です。自転車によるダイエットは「１日10分の運動で１カ月後には５kg痩せます！」といった怪《あや》しげなものではなさそうです。

ならば、成功者と失敗者の自転車の使い方等から、「自転車をこうやって使ったら痩せる」という場合の、「こうやって」というポイントをもう少し丁寧に説明した方が親切ではないかと思いました。では早速、SNI自転車部のメンバーの体験談を紹介します。

【成功例】

〈Mさん　男性　40代〉

昔々、ロードバイクに乗っていた。そのロードバイクを引っ張り出して自転車ライフを再開させたのは別にダイエットが理由ではなかった。

著しく体力は落ちていた。自転車通勤は途中に上り坂があり、なかなか辛かった。しかし、続けているうちに身体が慣れた。雨の日以外は毎日、少なくとも週3回は乗っていた。また、休日に仲間と遠出もした。

すっかり自転車にはまり、家に帰ってからもローラー台に乗った。食前に汗を流すと夕食が美味しく、毎晩飲んでいたビールを飲みたいと思わなくなった。それ以外に特に食事制限を意識したことはない。乗り始めた当初は結構気になっていたお腹も、気がつくとスッキリとし、体重は8キロくらい落ち、ヒルクライムの記録も伸びた。

〈Tさん　女性　30代〉

最初は体力に自信がなかったので、

ローラー台。自転車を組み合わせて
使用するトレーニング機器の一種

5km先のスーパーへ買い物に行くのを目標にしてゆっくり走っていた。だんだん身体が慣れ、半月ほど経った頃から徐々に距離を伸ばしていった。休日には40kmほどのサイクリングを楽しんでいる。あまり体重は量らないが、周りから「痩せたね」などと言われるようになり量ってみると、半年後には5kg減っていた。同じような生活を続け、4年後の現在は6kg減をキープしている。なお、食事制限は特にしていない。

〈Yさん　男性　30代〉

ダイエットのため、雨以外の日はできるだけ自転車通勤をすることに決め、自転車を買った。最初は身体がキツかった。汗も信じられないほど出たし、周りを見る余裕もない。気持ちいいとも感じなかった。しかし、自分で決めたことだから続けた。

身体も慣れてきたのか、だんだん周りを見る余裕が出てきた。自転車から見る世界は新鮮だった。「最近痩せた？」と同僚などに言われ始めた。太って着られなくなっていた服がまた着られた！　体重計に乗ってみるとかなり落ちていた。結局11kg減った。食事制限は週に一度おかゆにする他はしていない。

【失敗例】

〈Fさん　男性　30代〉

元々何かスポーツをやっていたわけではなかったが、職場で自転車が流行《はや》っていて、周りの人に勧められるままにロードバイクを買った。高い買い物だったし、痩せて、投資した分を回収しようと思った。

一度自転車通勤をしてみた。久々の運動で予想以上に辛かった。もう一度、根性を出して乗ってみた。やはり辛かった。結局、それから乗れずじまい。体重も変わらずじまい……。

〈Iさん　男性　30代〉

初夏から秋にかけての約6カ月間、自転車でのダイエットにチャレンジした。自転車はロードバイクである。

半年で30回、自転車通勤した。平均すると週に1～2回。休日には100キロ近いロングライドに出かけたこともあった。そして、サボらないために同僚に食事内容と体重をSNSで毎日報告することにした（途中辛くなり報告をサボった）。

お昼ご飯はおむすび1個と味噌汁のみ。夜は白米のおかわりをやめた。面白いように体重が落ちた。しかし、停滞期が訪れ、体重がなかなか減らなくなった。食事制限がエスカレートし、夕食は白米はなし、冷奴と納豆と野菜のみという日が続く。一時的に10・4kg減ったが、約1年経った今、元に戻っている。原因は食べ過ぎ。極端な食事制限は一旦緊張の糸が切れるとリバウンドがすごい。

このちょっとした体験例からも傾向のようなものがわかります。成功した人たちの共通項を抜き出してみましょう。

- **自転車に乗るのが（体力的に）最初は辛かったが、慣れてくるまで乗り続けた**
- **いつの間にか痩せていた（人から「最近痩せたね」と言われるなど）**
- **自転車生活自体を楽しんでいる**
- **食事制限は（あまり）しない**

といったところでしょうか。対するダイエット失敗者は、サンプル数が少ないために（「なぜダイエットに失敗したのですか？」という問いに答えてくれる人はなかなかいないから）、決めつけられませんが、過度な食事制限や、（自分で義務づけた）同僚への毎日の体重報告が重荷となって、悲壮感が漂ってきたり、最初の段階の目標設定が高すぎたのか、「自転車つらいわぁ」とめげたりと、自転車ライフを楽しめていないことが共通点として見出されました。

「自転車に乗ると痩せるのか？」の結論

ＳＮＩ自転車部の検証では、結論はこのようになりました。

次の条件を満たした場合、自転車に乗ることで痩せることができる。

①身体が慣れるまでは根性を出して、乗り続けること
②体重が減るのは結果！　自転車生活を楽しむ気持ちを大事にすること
（効果には個人差があります）

なお、自転車に乗ろうと決めた人にとって、乗れた日というのは、ちょっと成功した日となるのです。そういうプチ成功体験を積み重ねて、「今日も私、良くやった」と自分を褒《ほ》めることによって、徐々に習慣化していけるかもしれません。

「自転車に乗れば絶対痩せるよ！」という皆に喜ばれるような結論ではなく、思いがけず厳しい内容となってしまいましたが、これが事実です。しかし、楽しんで自転車に乗った先にはシェイプされた肉体と、それに付随する健康で快適な毎日が待っているはずです。「ちょっと待ってほしい、これはダイエットの話で、健康になった人の体験はないのか？」という声が聞こえてきそうですので、最後にそういう体験をした50代男性の話を紹介します。

〈Sさん　男性　50代〉

毎年会社の健康診断に引っかかっていた。問題は血中脂質が高すぎるということにあった。過去3年、A～Eの判定のうちC判定を受け、経過観察と言われていた。なにも改善しなければ、どんどん状態は悪化していくに決まっている。今年ついにE判定、即刻病院で再検査を受けてくださいと通告を受けた。病院に行った。数値を下げる薬を処方され、飲んだ。そうすると数値は下がる。しかし、薬を止めるとすぐに上がる。何の解決にもなっていなかった。

ところでこの病気や自分の健康状態と関係なく、そのとき興味を持ち、新たな趣味として始めていたのが自転車だった。初めて乗ったとき、あまりにスイスイと進むので、「どこまででも行けるわ」と思った。とりあえず当時住んでいた神奈川から多摩川沿いに羽田空港まで往復した（60㎞）。楽しくて楽しくてそれが休日の習慣になった。時には、奥多摩の方にも自転車で出かけるなど楽しんだ。

わずか3カ月ですごく痩せた。なんと10㎏もだ。怖くなった。ネットで「激やせ　病気」と検索したら、結果は「がん」ばかりだったからである。周りからも「病気じゃないか」と心配された。不安がピークに達し、自主的に検診を受けた。すると、なんと数値がすべて正常に戻っていた。医者からも感心された。今ももちろん健康である。

心の健康

自転車に乗ることは精神にも良い？

今度は肉体ではなく、心、精神の健康について考えてみましょう。近年、運動が脳の働きを向上させることが、脳科学の研究によって明らかになってきています。『脳を鍛えるには運動しかない！ 最新科学でわかった脳細胞の増やし方』（NHK出版）の著者で、神経精神医学の世界的権威であるジョン・J・レイティ博士は、有酸素運動によって、とりわけBDNF（脳由来神経栄養因子）の分泌量が増えることを指摘しています。それにより、認知能力や記憶などの脳機能の低下を防ぐことができるそうです。うつ病などの精神疾患の改善など、心の健康にも役立つといいます。ストレス解消となり、心はポジティブになるということでしょう。

ここで、実際にそういう体験をしたSNI自転車部メンバーを、二人紹介します。

あるママの場合

一人目は、小学校と幼稚園に通う二人の子を持つママ。子育てをしながら会社に勤めています。事務仕事が多いですが、かなりの要職を兼務でこなします。そんな彼女の特技は「マルチタスク」。いくつもの事を同時進行でこなすことをいいます。今時の事務仕事の形態は、インターネット、それもメッセージアプリを使うことが多く、そういったスキルが必須です。彼女はそういうことには長《た》けていますが、色々な仕事を同時進行でこなしたときには、彼女のパソコンやタブレットは「ピコンピコン」という通知の音がよく鳴っています。普通これはかなりストレスがたまります。また、仕事では沢山の人と接します。でも人の心はコロコロ変わります。虫の居所ということもあり、機嫌の悪い人に接すれば、自分の心を乱すことだってあるでしょう。

そんな忙しい彼女が最近自転車を購入し、片道50～90分かけて自転車通勤を始めたのです。その話を知人にすると、「50分もよく自転車に乗っています

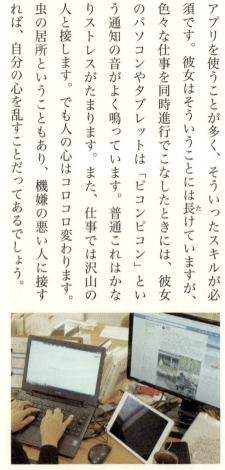

ね！」「1時間半も自転車に乗っている時間がよくありますね！」と言われたそうです。でも彼女は、「1日24時間－（マイナス）50〜90分」という単純計算ではないと思うそうです。自転車に乗っている時間は、思考が整理され、マイナスの感情も昇華されて、幸福感が高まり、結果的に仕事の能率も上がると感じるからです。

彼女は次のように言います。

「急坂を下っているときも『今日もよくこの坂を上ってきたなー』と思うけれども、それは『自分が』がんばったというよりは、肉体への感心、感嘆であり、それは感謝となり、周囲の人たちへの思いに至ります。どういうわけか、自転車に乗っていると、家族や同僚の良いところばかりが頭の中に浮かんできます。眼下には、街の灯が見えることもあって、この灯の下にそれぞれの人生があるのだと思うと、みんな幸せだといいな、などと思って、ちょっとやさしい気持ちで家に帰ることができます」

自転車に乗るようになって、人にも自分にも不満を抱きにくくなり、自転車に乗って健康でいられることに、もっと深い、静かな喜びを感じられるようになったようです。そして、ストレスが解消されているのか、彼女の仕事は今日も快調です。

うつ状態だったあるパパの場合

今度は三児のパパの話です。紛《まぎ》れもなく彼は一家の大黒柱というべき存在でした。ところが数年前、彼は時々休むつもりなどなくても、どうしても会社に行けなくなることがありました。一旦休んでしまうと、出勤することができなくなり、続けて何日も、いや時には何週間も休んでしまうことがありました。それを何度も繰り返し、自分を責め続けていたのでした。そして、医師からうつ状態と診断されました。

特に朝、頭の中をマイナスの思いが駆け巡ります。頭は重く布団から起き上がることもできません。職場の上司や同僚が彼の家まで迎えに行っても駄目なのです。有休は使い果たし、自分でも、もう駄目なのかなあと思う日々だったそうです。そういう最悪な時期が過ぎて少し持ち直しても、再び頭が重くなって休む……この繰り返しでした。

そんな彼にとって、大いに助けとなったのが自転車でした。元々ロードバイクにも乗っていた彼は、自転車通勤を始めます。それは自分からではなく同僚に誘われたからです。でもそれを習慣にしていきました。徐々に「本当に」元気になっていきました。病院で検査したわけではないので医学的にどうかもわかりません。彼自身にもなぜかわかりませんが、何度も繰り返していた連続無断欠勤をすることがなくなっていきました。

自転車に乗った日、自転車通勤をした日は、頭がすっきりするといいます。今でも頭の中でマイナス思考がぐるぐる回る日が時折あるそうです。そんな日でも自転車で通勤すると、頭の中や思考がクリアになるそうです。雨などで乗れない日は若干不調です。それでも、もう以前の状態に戻ることはありません。自転車に乗ればなんとかなるという自信があります。医者の診断を受けたわけではありませんが、彼はうつ状態を克服したといって差し支えないでしょう。家族のために一所懸命仕事をする彼は、今日もロードバイクで出勤します。

生きがいを持った毎日を過ごし、人生を過ごしていくためには、身体と心を健康に保つことが必要なのはいうまでもありません。そして、そのために自転車を活用することが大変役立つことがわかってきたと思います。ただの移動手段とだけ思っていては、もったいないですね。

2 自転車を自然に近づくための道具として使う

ここから自転車の「新しい使い方」の二つ目を提案します。その提案とは、今以上に自然に近づくための道具として自転車に乗ろうというものです。

「自然に近づく」ってどういうことでしょうか？　物理的な距離のこと、例えば東京など都市に住む人が、自転車に乗っていって、あるいは自転車を運んで、関東近郊や信州の緑豊かな森林を気持ちよく走り、自然を味わう機会を増やそうという意味でしょうか？　それも悪くありませんし、一つの方法ですが、「自然に近づく」とは、「今以上に自然を身近に感じることができる自分になろう」というほどの意味であり、今住んでいる地域でもできることです。なぜこのことを提案するのかというと、現代に生きる人たちの多くが自然と触れあい、感じる機会が減っていることによって、環境問題をはじめとする、様々な問題が引き起こされていると考えるからです。

ところで、先ほど、「自然を身近に感じることは都会にいても可能」という意味のことを書きました。とはいえ、いわゆる田舎の方が自然に接する機会は多くありますし、気づきも多いことは確かでしょう。6年前に東京から山梨県の田舎に転勤となったSNI自転車部員のHさんの話を紹介します。彼は、東京でも自転車に乗っていました。ですから、その事例を知ることによって都

会と田舎のロケーションの対比が可能です。さらに、自転車を、自然を身近に感じるための道具として、どのように使用しているのかを見てみましょう。

〈東京自転車生活〉

6年前、東京で自転車通勤を始めた。きっかけは多忙で食生活が乱れ、太ったことだった。満員電車に乗ることに毎日イライラしていたが、それがなくなった。職場までは約10㎞ほどに過ぎないが、通る道も、走るスピードも、自分で決められる。都会

の中で手に入れた魂の解放感はなかなかのものだった。自転車で移動すると、東京という街が一つの〝面〟として存在していることも新鮮な発見だった。そして痩せた。だが、その後の田舎での自転車生活ではもっと大きな変化があった。

〈田舎自転車生活〉

通勤路はずっと上り坂なのでスピードは上がらない。でもその代わり、色々なことが目に入り、耳に聞こえ、肌に感じられる。自転車通勤を始めてしばらくすると体力がつき、上り坂にも慣れた。職場までの距離では物足りず、標高1529mの「天女山」に自転車で上ってから通勤する。とても気持ちよいのだが、職場の人たちの怪訝《けげん》そうな視線は忘れられない。

続けるうちに自然がさらに身近になってきた気がした。一日として同じ自然はない。霧の朝、夕立、猛暑の日、氷点下の日、春になると順に咲く壇香梅《だんこうばい》、梅、菜の花、山吹。名前を知り、「自然」が具体的になった。鳥も鳴き声を聞いたり、姿を見ただけで名前がわかる。鹿、キツネ、リスなどの動物と遭遇して、しばしにらみ（?）合うこともある。

〈自転車通勤はレクリエーション〉

自然のリズムに「合わせる」ようになった。……それは難しくない。ほとんど見ていなかった天気予報を確認し、気温にあわせて服を調整する。雨の日や冬の路面が凍結しているような日は潔《いさぎよ》く

壇香梅の花

イカル

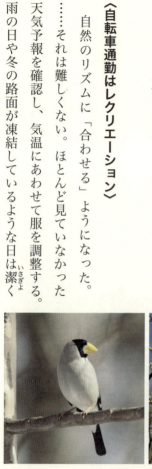

乗るのを止める。夏場は水分をこまめに摂《と》るといったことがこれにあたる。簡単なことだが、エアコンや暖房を効かせた車通勤と比べると、確かに「自然に合わせ」ている。

出勤前に天女山や「まきば公園」[*1]までライドすることがルーティンとなった。動物や植物の〝いのち〟に触れ、近く、そして遠くに見える山を見て、新鮮な空気を吸い、心地よい疲労感の中、水を飲む（この時の水ほど美味しいものはない！）。ほぼ毎日そんなことをしていると、自分は一人ではないのだと思った。今、この目に見え、肌に感じる自然があって、初めて自分の身体も動いているのだという気になった。ああ、なんてありがたいのだろうか。自然の恵みに対して、じんわり感謝の気持ちが湧いてきて、拝みたいような敬虔《けいけん》な想いになった。以降、可能な限り毎日、自転車通勤というレクリエーションを行う。それからの仕事の能率はとても良い。

自然に触れることの重要性

自然の中にいる、あるいは自然に触れると、人間の肉体や精神、脳に好影響を及ぼすことは、運動の効果と同様に徐々に科学的に実証されつつあります。

例えば、先ほどのジョン・J・レイティ博士は別の著書『GO WILD 野生の体を取り戻せ！』（NHK出版）によれば、自然の光景、そして自然とのつながりはアルファ波（セロトニンの生成と関係がある。セロトニンにはうつ病を防ぐ働きがある）を増やし、不安や怒りや攻撃性を抑える働きをするそうです。

また自然の景色は、「共感」にとって重要な皮質（前帯状《ぜんたいじょう》皮質と島《とう》皮質）を活性化させ、思いやりなどの共感力を高めた研究結果（韓国の研究）や、木々や植物は多くの植物由来化学物質（フィトケミカル）を発散し、嗅覚を通じて脳に働きかけ、ストレスホルモンの量を減らしたり、痛みや不安を抑え、免疫力を担うリンパ球の一つであるナチュラルキラー細胞を強化したりするとの研究結果（日本におけるアロマ効果を調べる研究）など、数々の知見を紹介しています。（『GO WILD 野性の体を取り戻せ！』195〜200ページ）

さらに、日本には「森林浴」というものがあります。清浄な空気にひたり精神的なやすらぎを得るため、森林内に入ることをいいますが、この活動は自然との触れあいが心身の健康に恩恵をもたらすことを前提としています。医療行為に至るまでにはまだ臨床事例が不足しているともいいますが、一部でリハビリの一環として取り入れられ、健康法としても盛んです。

自然を感じるための道具として自転車を使うことによって、「運動」プラス「自然に触れること」による様々な良い効果が心身に働いていると考えられます。

これまでに紹介した体験談は、それが有効であることを示しています。この自転車通勤という簡単な行為を、精神疾患の療養やストレス解消が必要になったときにだけ行うのではなく、「日常の行為」にしてしまうことをオススメします。

自動化の危険性

しかし、これとは全く逆の動きが活発であることにも触れておきましょう。いわゆる社会の「自動化」であり、コンピュータが私たちの生活にものすごい勢いで介入していることです。車を例にすれば、カーナビや自動ブレーキ、車線を外れないように制御する機能や、車間距離を保つ機能などです。多くの企業では自動運転車の開発に血眼《ちまなこ》になっています。一見便利なようですが、人間はコンピュータが計算した結果に従うばかりの存在となり、自分の頭で考え

実用に向けて開発が進んでいる自動運転

ることをせず、自分の感覚さえ信じることもしなくなってしまうかもしれません。技術を持つ側が悪意を持っていた場合には、コントロールされてしまう可能性だってあります。科学技術は、その存在自体は善でも悪でもありません。利用法によって良くも悪くもなるのです。このような危険性があることを知っておくべきです。

自転車業界においても、インターネット上の仮想空間で、自転車の乗車体験ができるアプリ（ズイフトなど）やサービスが、話題になっています。室内で自転車を漕ぐためのローラー台とインターネットを組み合わせて、パソコンやタブレットのモニターの中で、ニューヨークやロンドン、自転車レースのコース、自然豊かなカントリーロードなど、世界各地の様々なコースをヴァーチャル（仮想的）に走るのです。〝ペダルを漕ぐ〟ことに変わりはありませんが、風の抵抗も匂いの変化もありません。トレーニングとしては良いですが、自然とのリアルな関わりがヴァーチャルな体験では抜け落ちてしまっていることがよくわかります。

ズイフトの使用風景。ローラー台でペダルを漕ぐのに合わせて、画面に映し出された自分の分身がインターネット上の仮想空間を走る　©ズイフトジャパン

私たちは、機械に囲まれた中で進化してきたのではありません。世界のどの場所でも、生命（人間以外をも含む）あふれる森などの自然の中で、ずっと進化してきました。そうした何百万年におよぶ自然との触れあいの中で獲得してきた進化の仕方やルールは、便利すぎる現代に生きている私たちにも働いています。自然界のものを食べ（自然界のものでない食物を食べている人はいますか!?）、自然が作り出す酸素を吸い込み、水を得て私たちは生きています。それらがないと生きられません。それは私たち人間も自然の一員であるという事実を示しています。しかし、世界の人口の半数以上が都市に住んでいる現代は、その事実が忘れられがちで様々な問題が起こっています（精神疾患、環境問題など）。人間が人間らしく生きるためには自然の息吹が必要なのです。自転車で自然の良さを見直して、自然と一体であるという事実をぜひ味わってください。

都会のサイクリストは、田舎に出かけよう

自然の素晴らしさはわかりましたが、問題はあります。それは、自然の中でサイクリングといったって、都会に住んでいる人は一体どうしたらいいのだ？ということです。対策を考えてみました。二つおすすめしたいことがあります。

一つ目のおすすめは、自転車に乗って都会の中にもある自然を探して、「美しい」と思うシーンを写真に撮ることです。ただし、車が多いので安全面には最大限の注意を払いましょう。写真を撮る行為は、目の前に広がる風景の中から、自分が興味のあること、自分が美しいと思うことに注目してその部分だけを切り取ることです。先ほども述べましたが、これは「日時計主義」の実践方法の一つです。自分の好ましいシーンやものに注目するのですから、気分が良くな

らないはずがありません。美しい自然などは見て終わりにするのでは少しもったいない。写真を撮ることによって、心により強く印象づけられ、幸福感も持続します。そして第1章で紹介したSNI自転車部が開催する「私のバイクと自然」フォトコンテスト（55〜57ページ）に応募してみてはいかがでしょうか。

もう一つは、自然を感じることができる郊外へ自転車で行ってみてください！ということです。日本は国土の約75％が山地です。これはフッキーなことに、都市部にいてもそれほど遠くない距離に森や山があるということです。輪行《りんこう》*2して自転車を郊外まで持っていっても良いでしょうし、最近は郊外の避暑地や景勝地にレンタサイクルが用意されていることも多いので、利用するのも良いでしょう。これは素晴らしい休日の過ごし方だと思いますし、自然に触れる行為の威力は絶大ですから、あなたの中の何かが変わるかもしれません。

自然はストレスを軽減してくれる

かつて生態学を研究し、後に経済学博士となったリサ・トゥルヴァイネンの研究チームは、都会に暮らす3000人を対象に、自然の中で過ごした後の気分の変化とストレスの軽減について調べた研究で、「1カ月に5時間自然の中で過ごすと、ストレスが軽減されリラックスでき、活力度も上昇した」との結論を発表しました。この場合の「自然」は街中の公園のことを指しています。1回あたり30分程度を週に2回、公園で過ごすことによって1カ月5時間は達成できます。この数値をとりあえずの目安にするのも良いかもしれません。

(『NATURE FIX 自然が最高の脳をつくる 最新科学でわかった創造性と幸福感の高め方』〈フローレンス・ウィリアムズ著、栗木さつき・森嶋マリ訳、NHK出版〉186〜192ページ)

自転車は信仰心を深めてくれる

生長の家では、「大調和の神示[*3]」で、「汝《なんじ》ら天地《てんち》一切《いっさい》のものと和解せよ」と教えています。「人間と和解せよ」ではありませんから、「天地一切のもの」とは、他の生き物を含めた一切のものであることは明らかです。さらに同じ神示で「天地万物と和解せよとは、天地万物に感謝せよとの意味である」とも説いています。しかし、その自然を含めた天地一切の存在への感謝の重要性が、現代社会では顧《かえり》みられることなく、人間だけの都合、例えば経済成長などを優先させて自然を破壊し、地球温暖化などの環境問題を引き起こしました。これは、全てのものと和解し、感謝する生き方ではありません。生長の家、そしてSNI自転車部が自然を大切にし、愛することを強調しているのは、こういった認識を改め、全てのものを愛し、大調和を実現しようとしているからです。

自然を含む他との一体感の自覚は宗教的なものです。「愛は自他一体感の自覚」とも言われます。だから、自転車に乗ることによって、「意識」が拡大し、これまで感じなかった自然の大切さに気づき、感謝し、一体だと感じることは、より多くのものを愛することができるようになったということであり、別の言い方をすれば信仰が深まったということもできるでしょう。自転車は、心身の健康を良好にし、自然に近づくための、そして信仰を深めるための道具でもあったのです。

＊1＝まきば公園
山梨県北杜市の八ヶ岳南麓に広がる県立八ヶ岳牧場の一部を開放してつくられた、雄大な自然と広大な緑の牧草地の中で動物との触れあいができる公園。

＊2＝輪行
遠方でサイクリングを楽しむために、自転車を分解して専用の袋に入れ、鉄道やバスなどの公共機関に持ち込んで目的地まで移動すること。

＊3＝大調和の神示
昭和6年9月に生長の家創始者・谷口雅春先生に下された言葉。他に神示は32ある。冒頭の一節「汝ら天地一切のものと和解せよ」とは、自然界を含めた全てのものに感謝するという意味で、環境問題と地球温暖化が深刻化する現代にこそ必要な真理が説かれている。

コラム　ある冬の朝

八ヶ岳南麓に住む私の、冬の朝の一コマを紹介します。窓を開けると、冷涼な空気が部屋に入り込み、眠気が吹き飛びます。小鳥の声や家の横を流れる小川のせせらぎが耳に心地よく、すっかり葉を落とした木々は、昇り始めた太陽に照らされ、輝いています。眼と耳でこれらをじっくり味わうことから一日は始まります。湧き水でいれた飲み物を飲んで、家を出た私が最初にすることは、氷点下でも元気に育っている小松菜の様子を見て声を掛けることです。

職場までの急な坂道を自転車通勤している私ですが、体調と天気が良いと、見晴らしの良い場所までヒルクライムし、八ヶ岳や甲斐駒ヶ岳、富士山に挨拶してから木の香りが漂う〝森の中のオフィス〟に向かいます。どの瞬間も、自然との一体感を全身で感じ、その自然の中で生きる自分をも含めて全てを愛《いと》しいと思うのです。

谷口雅宣・生長の家総裁の『神さまと自然とともにある祈り』(生長の家)に収録されている「自然の中の私に気づく祈り」の一節をご紹介します。

「木々の緑を美しいと感じるとき、その緑の葉たちと一つになり、木々の上にも私はいます。鳥の声に聞きほれるとき、その鳥と一つになり、空中にも私はいます。

川が流れる音を聞いて、ああ気持ちいいと思うとき、その流れと一つになり、水の上にも私はいます。空の青さに感動するとき、その空と一つになり、山より高い空の上にも私はいるのです」

自然との一体感を味わい、感謝する生き方が今、求められています。経済成長を至上とし、自然を破壊して発展した人類は、温暖化などの地球環境問題等によって、自己破滅の危機に瀕《ひん》しています。その解決のための第一歩は、私たちが自らの生活の中で、自然との一体感を取り戻していくことです。自然に触れ、自然を味わうことから始めましょう。大きな喜びが感じられるはずです。自然と人間は本来一体なのですから。

（SNI自転車部部長　岡田慎太郎）

コラム　私の考える「より良く生きる秘訣」

より良く生きる秘訣——①食べる量は半分にして、②今までの2倍、自転車に乗り、③3倍笑いましょう

これは、ブラジルの自転車サイト「Revista Bicicleta」にあった「Bom dia, boa vida!（良き人生におはようございます！）」というタイトルの記事にあった言葉です。興味深い内容だったので、私の体験を交えて、記事を紹介します。

①食べる量は半分に

日本には「腹八分目に医者いらず」ということわざがあると教えてもらったことがあります。お腹がいっぱいになるまで食べず、腹八分目までに抑えれば健康に良いという意味ですね。世界中の科学者は様々な実験をしてそのことを証明しました。

故郷のブラジルでは苦しくなるまで食べる人が多いので、その半分にしてくださいと言えば、腹八分目にとどめてくれるのではないかなぁーと思いました（笑）。記事によると、量だけではなく、質にも注目するように促《うなが》しています。私は、肉を使わないノーミートの食事を摂り、地産地消《ちさんちしょう》、旬産旬消《しゅんさんしゅんしょう》（地元産や旬のものを食べること）を実践しています。この食生活は体に良いばかりでなく、CO^2の排出を削減し、地球環境問題の解決に貢献できます。

②2倍、自転車に乗る

体を鍛えて健康になるだけではなく、体を動かすことでエンドルフィンという神経伝達物質が分泌されると、痛みを和らげ、幸せな気分になると言われています。また、目標を立ててクリアすると、ドーパミンという神経伝達物質が分泌され、そのおかげで達成感を得て、自信が高まり、幸福感が増します。さらにサイクリングのような有酸素運動をすると、セロトニンという別の神経伝達物質も分泌され、うつ病の予防につながるそうです。

車社会になった現在では、もっと自転車に乗って、日常的に活用することでCO_2排出量を抑えられ、環境にやさしい生活ができます。自転車に乗るのは、良いことだらけですね！

③3倍笑う

笑うことで幸福になるということは、昔から伝えられています。「笑う門《かど》には福来たる」、このことわざは誰でも知っていると思います。良いことがあるから笑うのではなく、笑うと幸せな気分が自分に引き寄せられるのです。一人で笑うだけでも効果はあるけれど、分かち合える仲間と一緒ならより効果があります。

例えば、休日を利用して職場の仲間と、ヒルクライムをすることがあります。山頂のゴール地点では、ゴールする私を仲間たちが賑《にぎ》やかに祝福してくれます。美しい自然の中を走り、仲間といっぱい笑い合う楽しい時間を過ごすことができて、幸せな気分が高まります。

人はそれぞれで、色々な考え方があり、人それぞれの道もあります。しかし、違う道のように見えても、目指しているところは一緒です。誰でも幸せになりたいですし、そこに向かって一歩ずつ近づいているのです。もし、このコラムを読んで共感してくれる方がいれば、意義のある自転車ライフを楽しみませんか？

食べる量は半分にして、自転車は今までの2倍乗り、3倍笑うのです！

〝身体〟にも、〝心〟にも、〝自然〟にもやさしい生き方。本当に周囲の人たちを幸せにする〝より良く生きる秘訣〟は、これではないかと私は思います。

どなたでも、Bem vindo!（ウェルカム！）です！

（SNI自転車部事務局員　坂本ラウロ）

SNI 自転車部メンバーの バイシクルライフ 3

①車種
②主な用途

北﨑元章さん一家（山形）

左から、長男の隆仁くん（7歳）、元章さん、次女の咲耶ちゃん（2歳）、妻のなお子さん、長女の彩名さん（10歳）

「小学1年生の長男と、山形の雄大な自然の中をサイクリングすることが楽しみです。家族でのサイクリングやメンテナンスを通してコミュニケーションの時間が増えたことも、何よりの喜びです」（元章さん）

田上 修さん（福岡）

①折りたたみ自転車
②通勤、日常の足

「キャリーミーという折りたたみ自転車です。おもちゃみたいに可愛いけど、走行性能抜群。毎日のようにこの自転車を電車に持ち込んで通勤しています。乗って楽しいから、あちこち行くにも、まずこの自転車で行ってみようと考えます」

撮影／近藤陽介

ノーベルト・フィッシャーさん
（ドイツ・マインツ市）

①ツーリング用自転車
②買い物、自然散策

「歩いてハイキングに行くのが大変でも、自転車ならハイキングに出かけることや、森の中の道を家内と一緒に走ることができ、至福の喜びを感じています。自転車のおかげで、72歳の今もはつらつとした“森の男”でいることができます」

陳 孟玲《ツェンモンリン》さん（台湾・新北市）

①レンタサイクル（YouBike）
②通勤、買い物、運動

「YouBike は、私の住む新北市をはじめ、台北市や台中市、桃園市などで運用されています。会員カードを使って低料金で手軽にレンタルできます。車体にはスマイルのロゴマークが描かれていて、見るたびに笑みがこぼれます」

第3章　自転車は地球を救う

ＳＮＩ自転車部は、先に紹介した「〝めんどくさい〟が世界を救う」という言葉に加えて、「自転車から平和を」という言葉を掲げています。一般には平和といえば政治の問題とか、ＮＧＯの紛争地や難民キャンプでの活動などがイメージされ、自転車と平和がなかなかつながらず、すぐにはピンとこないかもしれません。自転車に乗る人が増えると世界は平和になっていく、ということを言いたいのですが、この関係がわかりにくいからでしょう。

日本に、「風が吹けば桶屋《おけや》が儲《もう》かる」ということわざがあります。「何か事が起こると、めぐりめぐって意外なところに影響が及ぶことのたとえ」（『大辞林第三版』）です。風が吹くことと桶屋が儲かることの間には実は様々な要素があるけれども、風と桶屋以外の要素がこのことわざには全く書かれていないためにわかりにくいのです。

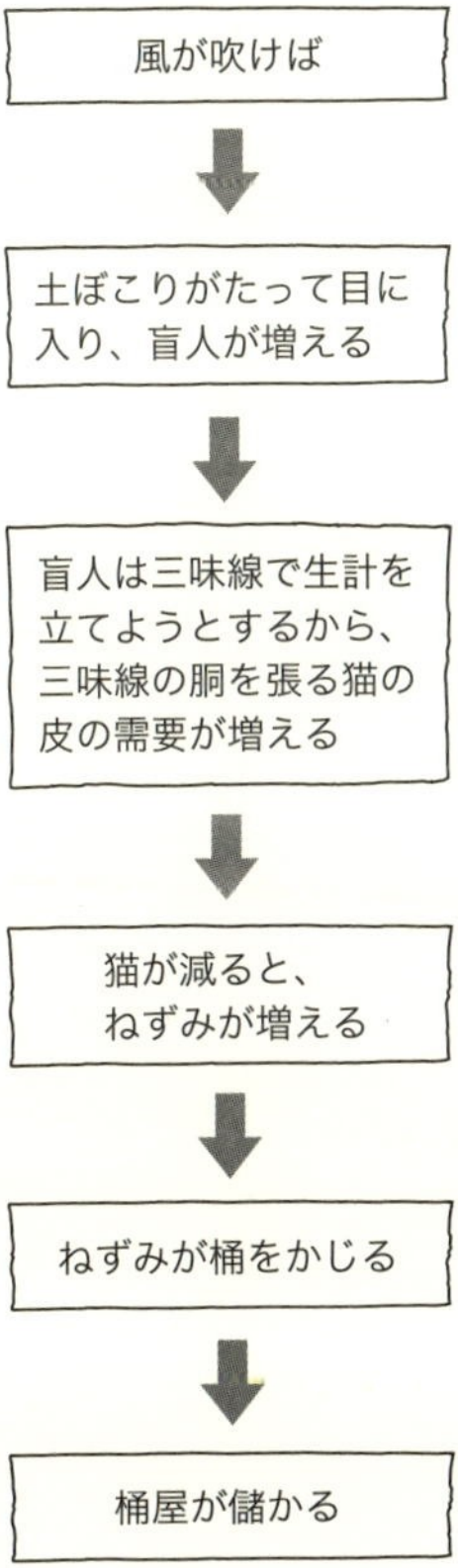
風が吹けば
土ぼこりがたって目に入り、盲人が増える
盲人は三味線で生計を立てようとするから、三味線の胴を張る猫の皮の需要が増える
猫が減ると、ねずみが増える
ねずみが桶をかじる
桶屋が儲かる

自転車と平和の関係についても同じことが言えるかもしれません。「自転車に乗れば……」で始まり、「世界の平和が実現する」で終わるまでの間に色々

な関連する要素が隠されています。この章では、読者の皆様に、自転車と平和の関係について理解を深めてもらうため、わかりやすく整理することにチャレンジしてみたいと思います。そして、自転車にはそんな側面があると知って、自転車に乗る人が増えたら嬉しく思います。

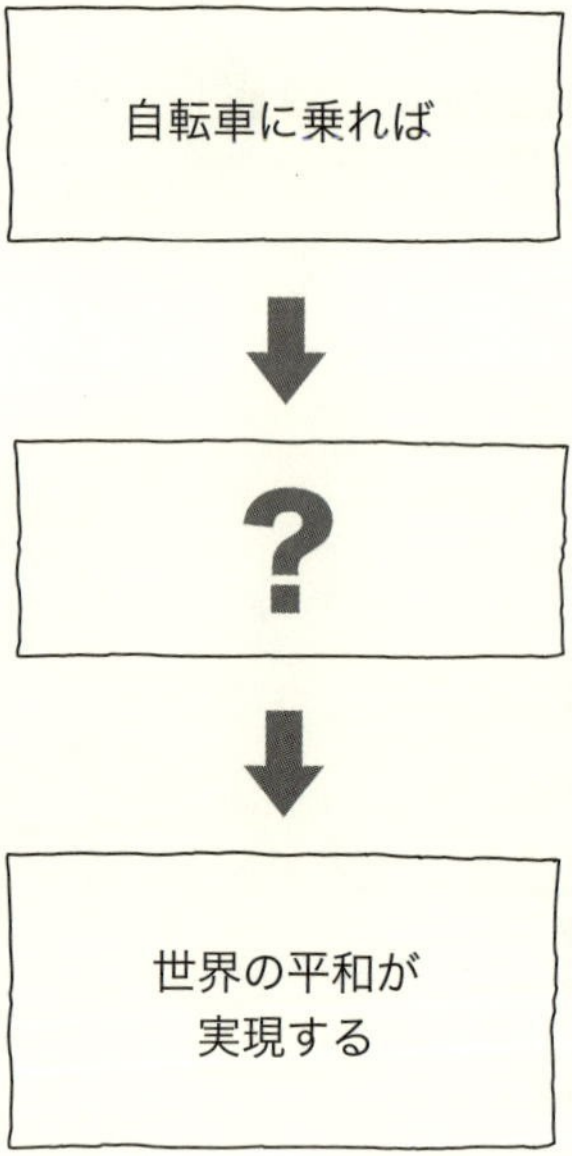

広島県に住むSNI自転車部メンバーの自宅も、
「平成30年7月豪雨」の土砂災害に遭った

地球温暖化と異常気象

まず、地球温暖化による気候変動や異常気象によって、日本や世界各地で様々な自然災害が起きていることを確認しておきましょう。例えば、2018年6月末から7月初旬に、前線と台風7号の影響によって、西日本を中心に全国的に広い範囲で記録的な大雨が降り、甚大《じんだい》な被害となった「平成30年7月豪雨」は記憶に新しいでしょう。広島県や岡山県、愛媛県をはじめ各地で河川の氾濫《はんらん》や洪水、土砂災害などの被害が発生し、死者263名、行方不明者8名、負傷者484名を数えました。広島県に住むSNI自転車部メンバーも自宅が全壊するなど、大きな被害を受けました。

気象庁では、この豪雨の要因として、「今回の豪雨には、地球温暖化に伴う水蒸気量の増加の寄与もあったと考えられます」(「『平成30年7月豪雨』及び7月中旬以降の記録的な高温の特徴と要因について」より)と発表しました。

「平成30年7月豪雨」の広島県の被災地で、復興支援活動にあたったSNI自転車部メンバーたち

海外ではさらに深刻な被害が

海外に目を向けると、アフリカ南東部のモザンビークでは、2019年3月14日にサイクロン「アイダイ」によって大きな被害を受けました。沿岸部を直撃したアイダイは暴風雨と洪水をもたらし、多くの犠牲者が出たのです。フィリペ・ニュシ大統領は死者が1000人にのぼる可能性があると発表し、WFP（国連食糧計画）は185万人が被災し、人道支

2019年3月、ハリケーン「アイダイ」の暴風雨で大きな被害を受けたモザンビーク東部（写真：APF＝時事）

援を必要としていると伝えました。

現代アフリカ地域研究センターのウェブサイトでは、コペンハーゲン大学の研究を紹介し「今世紀のアメリカにおける『カトリーナ』[*1]級のハリケーン発生頻度が、これまでの10倍にまで増加すると予測しており、これには地球温暖化が大きく影響している」と指摘しています。

ここまでを図にまとめると次のようになります。

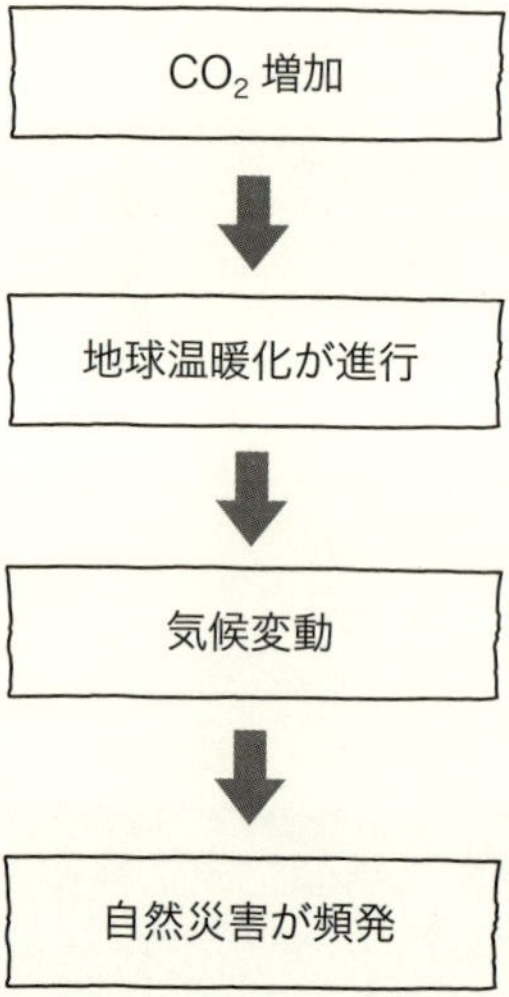

洪水の例を二つ紹介しましたが、他にも温暖化によって熱波・旱魃《かんばつ》・森林火災などの自然災害が頻繁に起こり、被害も増加すると科学者は予測しています。こうした自然災害が発展途上国を襲った場合は、被害も大きくなり、復興に時間を要することはいうまでもありません。

それでは次に進みましょう。

気候変動によって紛争が起こり、難民が発生する

気候変動は、紛争の引き金となることがあります。いくつか、その事例を確認してみましょう。

【ダルフール紛争】

日本人にはあまり馴染みはありませんが、北アフリカにダルノールという地域があります。

この地域では、２００３年に「ダルフール紛争」と呼ばれる武力衝突が勃発しました。死者約30万人、難民・避難民約２００万人を出し、国連はこれを「世界最大の人道危機」と呼びました。この地域の情勢は未だに混沌としていますが、ここでは２００３年のダルフール紛争のきっかけに絞って紹介します。

この紛争は、元々、アラブ系遊牧民と黒人農民の対立がはじまりだったのですが、その引き金となったのは気候変動でした。国連環境計画（ＵＮＥＰ）によると、過去40年間にサハラ砂漠は１００キロ南に拡大しました。つまりそれだけの地域で水がなくなったということです。

遊牧民は、牧草と水を求めて乾季や雨季に移動していましたが、環境の変化

で移動範囲が狭まり、黒人農民と生活圏が重なり始めました。そしてついに水を奪い合い、農地荒らしや家畜泥棒などの摩擦が増えていき、地域紛争にまで発展してしまったのです。当時の国連の潘基文《パンギムン》・事務総長はダルフール紛争について、「世界的な気候変動が大きな原因となった」との考えを示しました。

（「朝日新聞 DIGITAL　シリーズ環境元年　第一部　エコ・ウォーズ〈1〉温暖化の脅威、急加速」より）
http://www.asahi.com/eco/wars/TKY200810200290.html?fbclid=IwAR3pnD97PK0VEDF5i1l-ZPCEWjiON5FZ2xMQS9ECX-JSkpv_1bJWP0hr18

【シリア内戦】

もう一つは、日本でもよく報道されるシリアでの事例です。シリアは2006年から4年連続で深刻な旱魃《かんばつ》に見舞われました。その結果、多くの農民が農地を失って国内避難民として都市に流入し、シリア国内の各都市は人口が膨れ上がって、都市部の生活環境が圧迫されました。さらに2011年に、チュニジアやエジプトに端《たん》を発した「アラブの春」と呼ばれる民主化運動が、シリアでも起こりました。そして、困窮《こんきゅう》した農民が都市部にあふれていたことで政権に対する反乱の拡大は加速し、内戦へと突入していきました。政権側は「反体制行動はテロリストを使った外国勢力の陰謀」という見方をとります。そういう勢力が反体制勢力内に存在するのは確かですが、すべてがテロリストであるというのは極論で、改革を求めたのはやはり旱魃に苦しんだ農民や、都市人口の増加によって圧迫された都市生活者など、国民の幅広い層であり、気候変動が招いた内戦といって良いでしょう。

2010年11月、大旱魃に見舞われたシリア北部ラッカ地方
（写真：ロイター／アフロ）

シリア内戦は今も続いています。その間、大量の難民が発生し、国外へと脱出しました。彼らはドイツをはじめとするヨーロッパへと流れ込んでいます。しかし、増加する一方の難民の受け入れに反発するEU諸国もあります。自らの生活や治安が脅《おびや》かされることもあるからです。そういう国では右傾化が強まり、「自国ファースト」を主張する政治家が人気を集める傾向も見られます。増えた難民の受け入れをめぐって各国が争う可能性もあります。

（『シリア内戦』〈安武塔馬著、あっぷる出版社〉40～45ページ）

ここまでの話を図にまとめてみましょう。次のようになります。

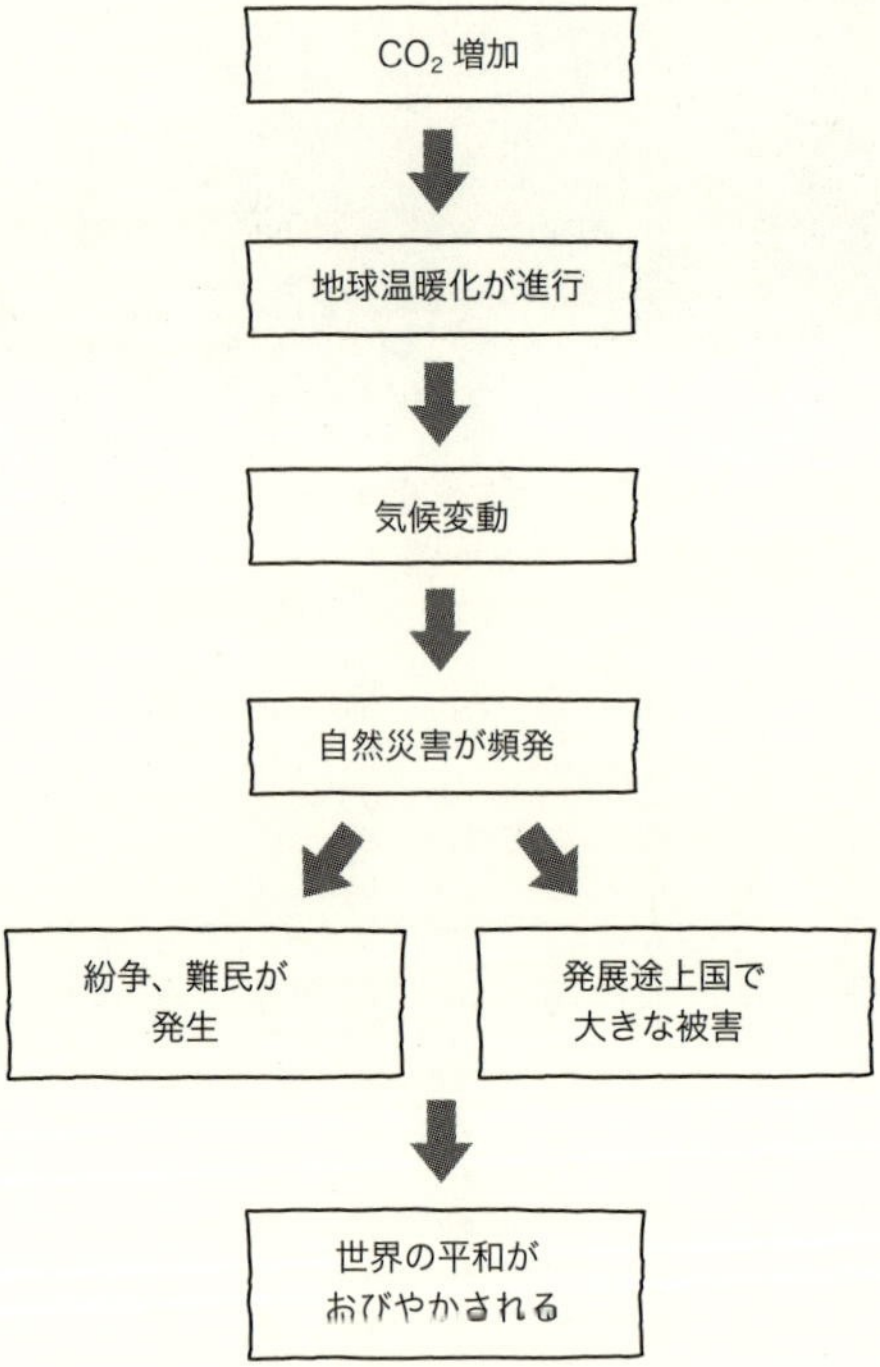

国際紛争につながる地球温暖化4項目

地球温暖化と気候変動が、紛争や難民問題とつながりのあることがおわかりいただけたでしょうか。しかし、これだけではありません。これまで挙げた理由以外でも地球温暖化と国際紛争はつながっています。

2018年12月に発行された谷口純子・生長の家白鳩会総裁監修の『憲法を知ろう』(生長の家)という小冊子があります。これは、現在、日ごとに重要度が増しつつある憲法問題の理解を深めるために刊行されたものですが、そのうち、目指すべき安全保障について書かれた箇所に「国際紛争につながる地球温暖化4項目」がまとめられています。非常にわかりやすく、また理解の助けともなるので、その一部を掲載します。

①海面上昇による領土の減少

↓　周辺国間での国際紛争激化の可能性

温暖化により極地の氷が溶けて海面が上昇すると、地表が狭くなり領土が減少する国も。すると、周辺国と数少ない領土を取り合うことになります。

②異常気象が招く不作による移民の急増

↓　民族構成の変化による政情不安

2006年～2011年、シリアでは旱魃の影響で都市部に農村部の国民200万人が押し寄せたことが原因で内戦に。その後、同国からヨーロッパへ大量の移民・難民が流れ込み、ヨーロッパ各国の政情も不安定になりました。

③エネルギー問題

↓　資源の奪い合いによる紛争激化の可能性

中東の石油など、いずれ枯渇する地下資源をめぐる争奪戦は、既に展開されつつあります。日本でも、尖閣《せんかく》諸島周辺の資源をめぐって中国と対立が深まっています。

④飲料水、耕作地、漁獲量の減少

↓　国際関係の不安定化

異常気象により少なくなった水や食糧を取り合うことで、国家間の対立が強まります。

（『憲法を知ろう』44ページ）

同書では安全保障に欠かせない条件を「地上資源への転換」と示しています。地上資源とは、地下に存在する石油や石炭に対し、太陽光や風力など地上に存在するエネルギー資源のことです。

生長の家の地球温暖化問題への対応

地球温暖化問題に対して、ＳＮＩ自転車部の母体である生長の家は、どのような対応をこれまでしてきたのでしょうか。

生長の家は、昭和５年に誕生しました。発祥当初から「大調和の神示」に掲げられた精神を重んじ、その大調和の精神のもと、「人類光明化運動」を展開してきました。１９９３年からは「国際平和信仰運動」を提唱して、生長の家が現代において目指すものは「世界平和」であることをより明確にして運動しています。ですから、世界で起こっている紛争の原因の一つが地球温暖化や、それに伴う気候変動であるならば、温暖化の進行を止めるために活動するのは当然ともいえます。

温暖化の危険性を早くから認識していた生長の家は、太陽光パネルを自宅

生長の家国際本部“森の中のオフィス”

生長の家 福島・西郷ソーラー発電所

に設置した会員に助成し（２００７年）、日本国内のすべての事業所でＩＳＯ１４００１の認証を取得しました（２００７年）。また、国際本部事務所を東京の原宿から山梨県北杜市の八ヶ岳南麓に移転し、そこに建築したゼロエネルギービル[*2]の〝森の中のオフィス〟で業務を行っています（２０１３年）。また、脱原発を提唱してメガソーラー発電所の建設をはじめたり（２０１４年）、電気自動車を購入した会員への助成を行ったりする（２０１０年）など積極的に取り組んでいます。

宗教を信仰する人にとっての祈りと行動とは

宗教を信仰する人は「祈り」を大事にします。これはとても大切なことであり、生長の家でも「神想観《しんそうかん》」という祈りを毎朝晩行うよう奨励しています。しかし、ただ祈っているだけでは不十分な場合もあります。例えば、これまで見てきた平和に関する問題は、おそらく祈っているだけでは解決することはできません。もし、おじいさんが自分の眼の前で突然倒れたら、駆け寄るでしょう。救急車を呼ぶなど、なんらかの処置が必要です。そしておじいさんが一命を取り留めたと知って、はじめて安心できるのです。それと同じで、平和の問題も地球温暖化問題も、CO_2削減のために行動を起こす人が増えることによって、解決へと向かいます。

祈りを習慣として行っていると、祈っているだけでは物足りなくなることもあります。自分の心の深い部分に変化が起こり、実際に行動を起こして問題を解決したいという気持ちが芽生えてくるからです。なぜそんな気持ちが起こってくるのでしょうか。

生長の家ではそれを、私たち人間の本質が「神の子」であるからだと説明します。別の言い方をすれば、人間は、誰にでも心の中に良心や愛が存在するということです。そういう心を私たちは最初から持っています。だから困っている人を見たりすると放ってはおけないのです。

SNI自転車部の使命

生長の家の一部門であるSNI自転車部は元々、埼玉県の信徒のうち、自転車好きが集まって作ったグループだったということを先に述べました（第1章参照）。メンバーが増えるにつれ、生長の家は自転車の活用を運動として取り組むようになっていったのですが、それは自転車のある特長が関係していました。その特長とは、自転車が生活で使う道具であるということ、個人の生活に密着した道具だということです。

2014年のIPCC（国連気候変動における政府間パネル）の「第5次評価報告書」では、地球温暖化の原因として次の二つを挙げています。

・**人間活動（95%以上の可能性で）**

・大気中の二酸化炭素、メタン、一酸化二窒素の増加

95％の可能性で地球温暖化の原因が人間の活動であるということは、これまで述べたことを踏まえると、95％の可能性で人間活動が国際紛争を助長していると言い換えてもいいでしょう。

その人間活動、生活スタイルから変えていこうというのが、SNI自転車部の主張です。「移動手段」を車から自転車に変えてみよう、CO_2をなるべく排出しないで生活しよう！　そして平和に一役買おう！　と提案しているのです。

自転車から平和を

この章の冒頭で「自転車と平和の関係がなかなかわかりにくい」と書きまし

た。そして、温暖化と気候変動、自然災害や紛争の関係を順に図にしてきました。ここに再度掲載します。

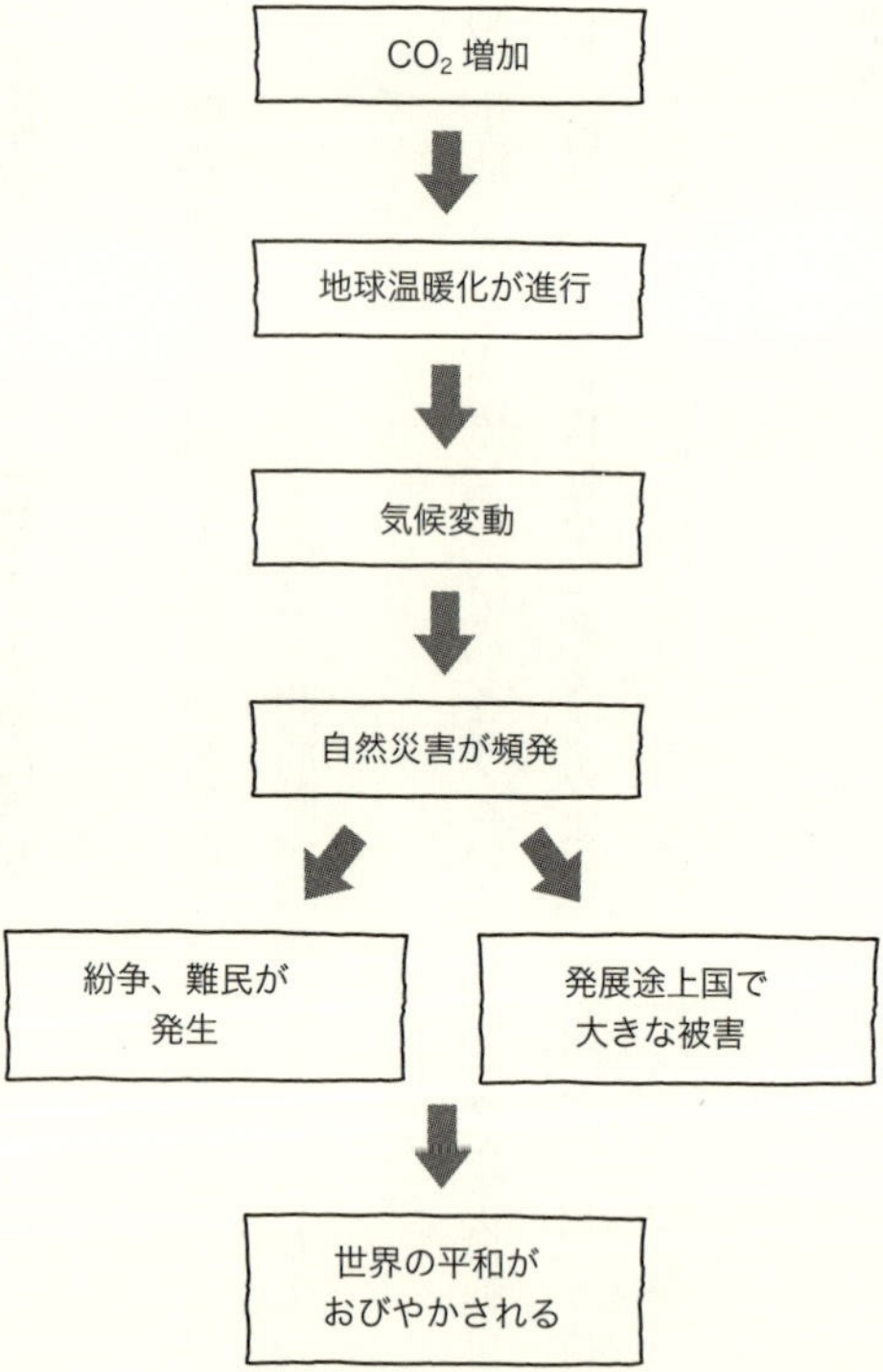

これに自転車を加えてみると、次のような図になります。

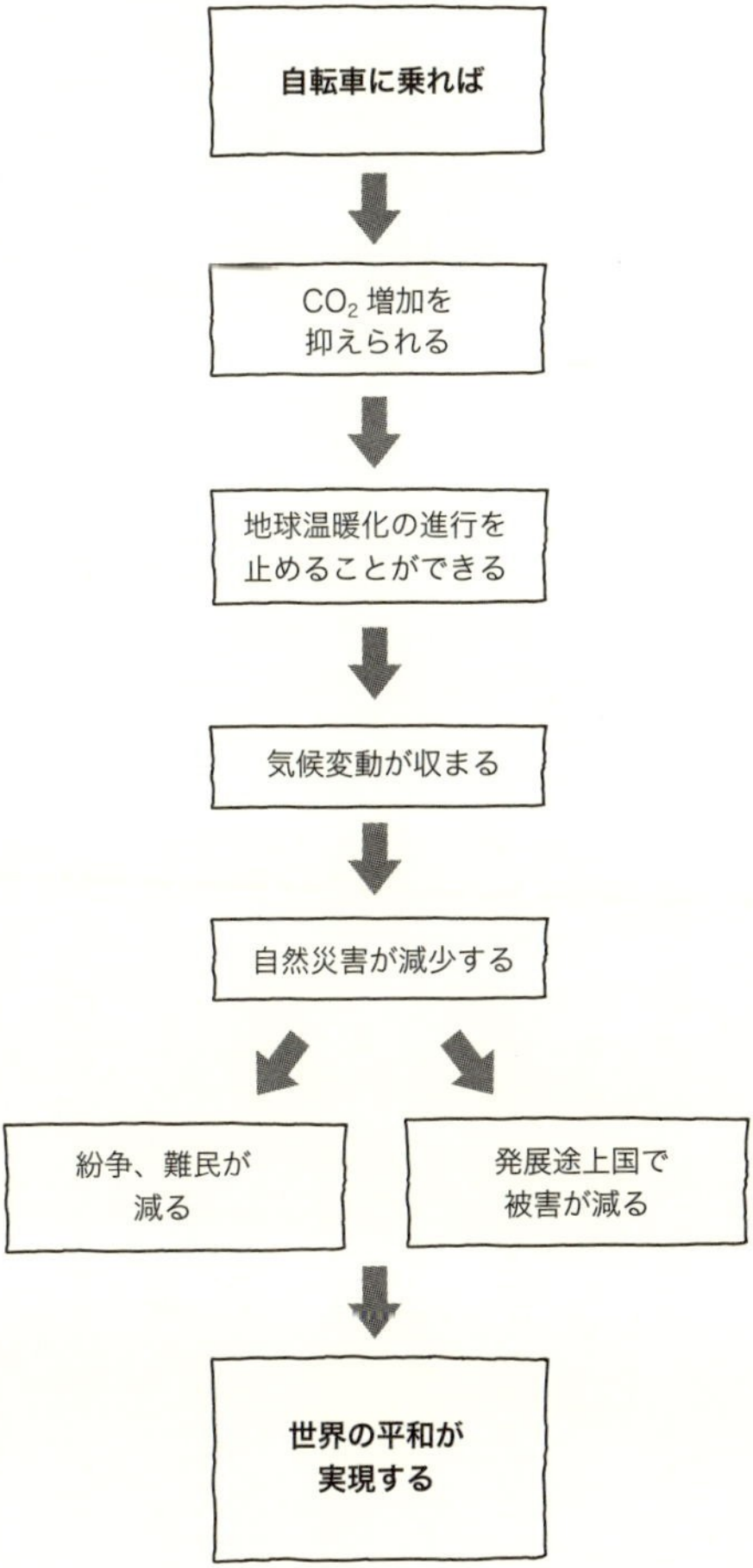

「自転車から平和を！」という意味が、いくらか明らかになってきたでしょうか。

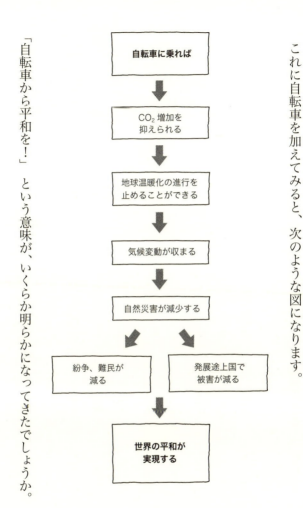

Isaac Feld, Logo Designer
#WorldBicycleDay

ところで、平和のために自転車の利用を訴える私たちにとって、心強い話題も増えています。例えば国連は2018年に、毎年6月3日を「ワールド・バイシクル・デイ」(世界自転車の日)と制定し、自転車の利用促進を提唱しています。国連のホームページに掲載されている「World Bicycle Day 3 June」の記事には、「Why celebrate the bicycle?(なぜ自転車を称賛するのか?)」と題して、次の四つの理由が書かれています。

・自転車は、シンプルで、手頃な価格で手に入れられ、信頼性が高く、クリー

ンで、環境に適した持続可能な交通手段である

・自転車は、成長のためのツールとして、あるいは交通の手段としてだけでなく、教育、健康管理、スポーツにも役立つ

・自転車とユーザーの相乗効果は、創造性を高め、社会との関わりを促し、ユーザーに地域の環境をじかに意識させる

・自転車は、持続可能な移動手段のシンボルであり、持続可能な消費と生産を促進するためのポジティブなメッセージを伝え、気候にも好影響を与える

この主張にはほぼ同意できます。こんなにも良い影響ばかりの自転車を使わない手はないということを、国連が主張しているのです。

(United Naticns : World Bicycle Day 3 June https://www.un.org/en/eve.ıts/bicycleday/)

2019年 9月、フランクフルト・モーターショーの会場周辺で
行われたサイクリストによる反自動車デモ（写真：EPA＝時事）

また、別の話題としては、２０１９年９月16日にドイツ・フランクフルトで開催されたモーターショーの会場周辺で、車から出るCO_2に反対する自転車に乗った人たちが抗議デモを行ったというものもあります。地元の警察と主催者によると、１万５０００～２万５０００人がこのデモに参加し、「輸送革命」を訴えたそうです。

日本の都市においても、最近はシェアサイクルやレンタルバイク、自転車レーンが整備されるなど、確実に自転車の利用は拡がりつつあり、自転車の存在感は増しています。SNI自転車部は、このような流れにも乗り、新たな仲間もどんどん増やして、世界平和の実現へ向かって進んでいきます。

(Thousands of car protesters block Frankfurt Motor Show with bikes
https://www.euractiv.com/section/climate-environment/news/thousands-of-car-protesters-block-frankfurt-motor-show-with-bikes/)

〝新しい文明〟を築くために

生長の家では、自然と人間が共存・共栄する〝新しい文明〟の実現に向けて、人々に低炭素の生活や倫理的な暮らしを提案しています。自転車を生活に取り入れることは、「省資源、低炭素の生活法」の実践になるのです。

谷口雅宣・生長の家総裁は「〝新しい文明〟とは何か?」と題して、次のように記しています。

「〝新しい文明〟への道は、私たちのすぐ目の前にあるのです。それは、〝旧文明〟の効率化、省力化、自動化の流れの中で見過ごされ、軽視され、避けられてきたかもしれませんが、昔から人類が行ってきた活動の中にある。それをひと言で言えば『自分の肉体をきちんと使う』ということです。(中略)私たちの〝神の子〟の本性を表現するために、肉体に感謝し、大切に世話しながらフルに活用する。それは肉体の欲望に従うことではありません。それを制御しつつ、自然と一体である『神の子の本性』を表現するのです」

(『生長の家』2015年7月号45ページより)

これまで述べてきたように、自転車に乗ることで自然との一体感が高まり、自然への愛が深まっていきます。車から自転車に乗り換えることでエネルギー問題の解決に役立ち、CO_2を減らすことができ、地球温暖化の防止に貢献できます。そして、それが異常気象や難民問題の解決に寄与するのです。

自転車に乗ることによって私たち一人ひとりの意識や行動が変化し、それが積み重なっていけば大きな力となって、社会が変わり、政治が変わり、世界が変わっていきます。それは世界の平和に貢献し、地球の未来をも変えるのです。つまり自転車は、自然と人間が調和した〝新しい文明〟を築く大きな力を秘めているのです。

＊1＝カトリーナ
2005年8月29日　ルイジアナ州グランドアイル付近に、風速57m/s近いカテゴリー3の嵐として上陸し、ニューオーリンズからミシシッピ州ビロクシまで、メキシコ湾岸沿いの都市に対する深刻な洪水被害をもたらしたハリケーン。死者は合計1833人、被害総額は推定1250億ドルにもなった。

＊2＝ISO14001の認証
組織が活動するときに、環境に配慮をする仕組みをつくることを目的とした国際標準のこと。ISO審査機関の審査によって認証された状態を、ISO認証取得という。これを取得することは、「環境保全に貢献している組織・団体」として認められたこととなる。生長の家は宗教法人として2001年に世界で初めて認証取得し、国内全66事業所でも認証取得して、取り組みを継続している。また、海外3事業所でも認証を取得した。

＊3＝ゼロエネルギービル
消費エネルギーと創エネルギーの収支がプラスマイナスゼロとなる建物のこと。日本初のゼロ・エネルギービルである〝森の中のオフィス〟では、断熱、太陽熱集熱システム、床下の自然石を使った蓄熱、自然通風、自然採光、LED照明による省エネと、470kWの太陽光発電パネル、175kWのバイオマス発電による創エネによって実現している。

コラム

「福島・西郷ソーラー発電所」をめざしたヒルクライム

このミニイベントでは、私たちが信仰者として〝何をめざし〟そして〝何をすべきか〟が、象徴的に表現されているように感じました。今回のヒルクライムの目的地としたのは、「生長の家福島・西郷ソーラー発電所」。SNI自転車部とは縁の深い施設です。なぜなら「ペダルで進める〝自然エネルギー拡大運動[*1]〟」で集まった募金で設置されたソーラーパネルがあるからです。

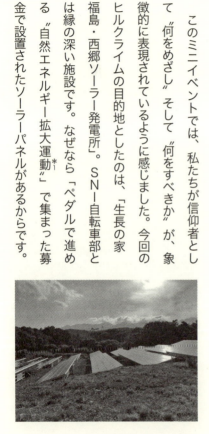

まずは、前日の下見で発電所内のソーラーパネルの場所を確認。

「おっ、あった、あった！」パネルの裏の銘板には、寄付者であるＳＮＩ自転車部の名前が記されていました。現在（２０１９年10月）では、募金額はパネル42枚分に達しています。小さな1枚のパネルと寄付の積み重ねが、大規模なメガソーラー施設となって存在しているのだと思うと、感謝の気持ちと「脱原発だってできる！」という勇気が湧いてきます。

　発電所の周りは美しい田園風景で、豊かな自然に囲まれています。古き良き日本の原風景がここにあるようにさえ感じました。しかし、そんな好ましい景色ばかりではありません。ここは福島です。放射性物質を計測する線量計が至る所に設置されており、少し探すと袋に詰められた汚染土が積み上げられている光景も見られます。自然と放射性物質。この対極的な景色のどちらを、私たちは子供や孫たちに遺《のこ》していきたいでしょうか。

原発事故のあった福島に建設されたこのソーラー発電所は、生長の家にとって「脱原発」を象徴する施設といってもいいかもしれません。そこに向かって自転車で走ることは、「脱原発」はもちろん、自然と人間が共存する〝新しい文明〟構築を目指すという意味合いにも思え、このミニイベントは企画されました。

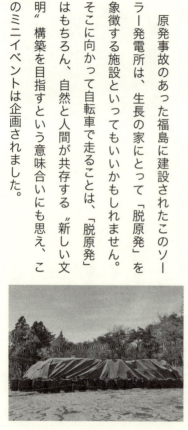

さて、当日。天気予報は「曇りのち雨」。しかし、台風が接近しており、大気が不安定でいまいち天候が読めません。開会前に予報に反して雨が……。小降りになった頃を見計らいスタート！

参加者が快調に走る中、期待とは裏腹に、雨足は次第に激しくなってきました。そしてついに本降りに……。中止も考えましたが、もはやそれも不可能。逆に一旦、濡れてしまうと、気持ちが開き直ります。靴や下着までびしょ濡れになると、もはや抵抗する気持ちがなくなるからでしょうか。悠々とした気持ちで景色を楽しみ、お互いに声をかけ合いながら、それぞれのペースで走り切りました。

「雨もまたよし」雨が不都合と考えるのは、もしかしたら、人間中心的で狭い物の見方なのかもしれません。植物はこの雨により生長することができます。雨が全く降らない地域も世界にはたくさん存在します。そして、多くの生命が植物の恩恵を受けて生きているのです。雨の中を走ることで、人間中心的なものの考え方から、〝自然に一歩譲る〟ことの大切さが参加者の心に芽生えたかもしれません。実際に、「この雨のおかげで、米や植物が育ち、それによって我々は生かされているのだなぁ」と、雨に打たれながら感じていた参加者もいたようです。

SNI自転車部はこれからも、太陽光パネルへの募金を増やし続けていくことでしょう。この地での自転車イベントも続いていくでしょう。そして、その度に脱原発へと近づいていることを実感し、自然から新たに学んでいくのです。

（SNI自転車部事務局員　中根敏也）

＊1＝ペダルで進める〝自然エネルギー拡大運動〟
生長の家の各拠点で毎月発送する機関紙やチラシを、SNI自転車部のメンバーが自転車で配達することで、通常かかる通信費を〝自然エネルギー拡大募金〟に充てたり、生長の家国際本部〝森の中のオフィス〟に勤務するSNI自転車部メンバーが、自転車通勤をした際に〝自然エネルギー拡大募金〟に募金し、自転車通勤で上った標高に応じてスポンサーが募金額を上乗せしている。

おわりに

本書の編集が終盤にかかっていた２０１９年10月中旬、日本列島を台風19号が襲い、各地で甚大な被害が発生しました。10月24日時点の被害状況は、死者76名、行方不明者９名、住家の浸水は床上・床下を合わせて６万棟以上、国管理河川の12箇所、県管理河川の１２７箇所で堤防が決壊したというものでした。

この台風による各地の被害の大きさに鑑み、生長の家は急遽《きゅうきょ》、国際本部で二日間にわたって開催される予定だった「自然の恵みフェスタ」（22〜23ページ参照）を中止とし、同日程で隣県の長野と、被害の大きかっ

た福島県で、国際本部の全職員が災害復興支援活動にあたりました。一口に支援活動といいますが、内容は様々です。私たちの活動内容は、家具の搬出、泥の除去、床の洗浄、壁剥がしなどでした。被災地では、各住宅の前に搬出された泥にまみれた家具や服、書類など、いわゆる災害ゴミが山積みとなっていきます。景色は茶色あるいは灰色に染まっており、異臭を放っていて異様です。

このような空間に、初めて被災地で復興支援活動をした職員は、ショックを受けて言葉を失ったり、顔をしかめたりしていました。活動先では住人とも言葉を交わしますが、かける言葉が見つからない場合もあります。それも当然です。これから住む場所、壊れた家の修繕、様々な手続きを抱える被災者の気持ちは、推《お》し量《はか》ることができないことも多いからです。だから私た

ちは、住人の希望（作業に関する）を聞きつつ、黙々と作業をしました。作業終了後には、再び住人と話しますが反応は様々です。感謝の言葉を述べられたときは、大きなやりがいを感じることもあります。ただ、ふさぎ込んでいる被災者もいます。このような被害を受ける人が減ってほしいと切に願います。

ところで読者の皆様はスイスの再保険会社「スイス・リー」が２０１３年にまとめた「自然災害リスクの高い都市ランキング」で、東京・横浜地区が世界第1位となってしまったことを知っていますか。世界６１６の都市が対象ですが、東京・横浜のみならず、大阪・神戸が5位タイ、名古屋が6位という結果でした。地震活動が活発な地域であることや津波、洪水の危険件が高いことがランクインした理由です。また、地震調査研究推進本部は、「首都直下地震」と「南海トラフ地震」が30年以内に発生する確率はどちらも70％程度と発表しています。これらの調査は、今回、私たちは被災者を「助ける側」でしたが、すぐにでも自分たちが被災者となり、「助けられる側」となってしまう可能性は低くないことを示しています。防災が重要となることはいうまでもありません。

防災というと備蓄や家具の固定などが頭に浮かびますが、そのようなハード面だけが防災ではありません。本書で見てきたように、地球温暖化による気候変動で雨量は増加し、災害が多発しており、今後も増加すると予測されています。先ほどの調査でランクインした東京・横浜、大阪・神戸、名古屋には広大なゼロメートル地帯（平均満潮位より低い土地）が存在しますが、このような地帯では洪水、高潮、津波などで甚大な被害が出る可能性があります。これらのゼロメートル地帯は、最初から低地だったのではありません。人類が、近代化のための工業用水やメタンガスを得るために膨大な量の地下水をくみ上げ、それによって地盤沈下が起こったことが原因で出現させた地帯なのです。実に昭和初期から1985年までの約50年間に東京で最大4・5m、大阪で2・8mも沈下したといいます。人間が自分たちの都合の良いように自然から資源を際限なく利用し続けたことで、災害に対して脆弱な土地にしてしまったといえるでしょう。このような自然軽視の考え方はもう止めて、反対に、自然を知り、敬《うやま》い、畏《おそ》れ、愛情を持って接する考え方、それが反映されたライフスタイルへと転換することが災害を減らす可能性を有し、防災にもなると知っていただきたいです。

164〜165ページに記されているように、生長の家には、「プロジェクト型組織（Project-based System)」（「PBS」と略しています）としてSNIオーガニック菜園部、SNI自転車部、SNIクラフト倶楽部がありますが、転換すべきライフスタイルとして生長の家はこの三つを推しています。これらは平時の防災にも、災害発生時にも有効な生き方です。例えば、無農薬野菜の育て方や保存食の作り方、野草や野生のキノコの判別法を知っておけば、災害時の食糧となりますので大変役立ちますし（SNIオーガニック菜園部）、カッターナイフで、自然素材から箸などの生活用品を作ったり、ロープワークの技術を持っていることも有効です（SNIクラフト倶楽部）。これらは決して新しいものでも、難しいものでもありません。一昔前の人たちはそうやって自然から学び愛情を持って接してきました。しかし今、多くの人が都市に住む中で、このような生き方が省みられることは少なくなっています。とりわけ、次世代の子供たちに伝えていく人が不足しています。

災害発生時の復興支援活動、防災という観点から自転車部には何ができるでしょうか。まず、自転車に乗り、健全で丈夫な身体を保っておくことの重要性が思い浮かびます。何をするにも体力があると有利です。今後も災害が発生した時には、SNI自転車部のメンバーは被災地へ出向き、困っている人の助けとなるため、復興支援活動を率先して行うでしょう。復興支援活動にも体力が必要です。それを持っているだけでどれだけ人の助けとなることができるでしょうか。さらに被災地での移動手段としても自転車が有効かもしれません。今回の支援活動時も自転車で移動するボランティアの人をよく見かけました。路面が傷つき、駐車車輌が多いなど、道路事情が悪い中、単身で移動するには小回りのきく自転車が重宝されていたことが窺《うかが》えます。

再三述べましたが、私たちは自転車というツールを通して、平和の実現を目指しています。その根底は、自然からいただく恩恵に感謝しつつ、自然を、侮《あなど》らずに生きていくことです。その表現方法の一つが自転車の活用なのです。この本を手にした皆様にそのことが少しでも伝わり、ライフスタイルを見直していただくきっかけになれば幸いです。

ＳＮＩ自転車部

プロジェクト型組織》

●SNI自転車部

（省資源、低炭素の生活法）

「自転車から平和を」。通勤や通学、買い物など生活の中で自転車を活用しています。自転車に乗ると自然との一体感が感じられたり、健康な肉体と精神を保つことができるだけでなく、CO_2 削減によって地球温暖化の進行を止め、世界平和の実現に貢献しようと活動しています。

●SNIクラフト倶楽部

（自然重視、低炭素の表現活動）

自然素材、天然素材を選んで手づくりすることや、壊れたもの等を直して使ったり、不要になったものをリメイクするなど、大量生産・大量消費ではない新しいライフスタイルの実践を通して、既に与えられている身の回りのものを大切に生かす、ていねいな生活を多くの人にお勧めする活動をしています。

《生長の家の

生長の家のプロジェクト型組織（PBS）は、生長の家の会員が信仰にもとづく「倫理的な生活者」として、「ノーミート、低炭素の食生活」「省資源、低炭素の生活法」「自然重視、低炭素の表現活動」などを日常的に実践することを通し、“自然と共に伸びる”生き方を開発し、それを伝え広めることを目的に活動しています。

PBSにはSNIオーガニック菜園部、SNI自転車部、SNIクラフト倶楽部等があり、メンバーはそれぞれの地域でイベントを開いたり、日頃の活動をフェイスブックに投稿したり、さらには自然災害への備えの啓発や災害発生時の復興支援活動を行っています。

●SNIオーガニック菜園部

（ノーミート、低炭素の食生活）

自分の手で野菜を育てる、旬産旬消・地産地消を意識してフードマイレージの低いものを選ぶ、農薬や化学肥料を使わない食材を選ぶ、肉を使わないノーミートの食事を心がける――そのような、地球にも体にもやさしく、自然のリズムと調和するライフスタイルを実践し、多くの人にも勧めようと活動しています。

SNI自転車部への入部のご案内

本書を読んで、SNI 自転車部の活動に興味を持たれた方は、ぜひ入部をおすすめします。

入部の資格は、生長の家の会員（相愛会、白鳩会、青年会）であることと、フェイスブックに参加する環境があることです。フェイスブックにある SNI 自転車部のグループ（プライベートグループ）に参加することで入部となります。

入部手順について詳しくは、SNI 自転車部のホームページにある「入部申し込みはコチラから！」をご参照ください。

PC版 http://sni.bike

スマホ版

SNI自転車部　入部　検索

入部申し込みはコチラから！

“新《あたら》しい文明《ぶんめい》”を築《きず》くために1

――――自転車《じてんしゃ》から平和《へいわ》を――――

令和元年12月20日　初版第1刷発行

〈検印省略〉

編　者　宗教法人「生長の家」
(SNI自転車部)
発行者　岸　重　人
発行所　株式会社　日本教文社
〒107-8674 東京都港区赤坂9-6-44
電話03（3401）9111（代表）
03（3401）9114（編集）
FAX 03（3401）9118（編集）
03（3401）9139（営業）
頒布所　一般財団法人　世界聖典普及協会
〒107-8691 東京都港区赤坂9-6-33
電話03（3403）1501（代表）
振替00110-7-120549

装幀　POWER HOUSE（伊藤翔太）／カバー写真提供　SNI自転車部
しおりデザイン　広野りお
印刷・製本　東港出版印刷株式会社
本書の紙は、ＦＳＣ®森林管理認証を取得した木材を
使用しています。
落丁本・乱丁本はお取り替え致します。
定価はカバーに表示してあります。

VEGETABLE OIL INK

ISBN978-4-531-02501-5